亲历者 旅游书架

Follow Me

《亲历者》编辑部 编著

★ 年年修订 ★

青海深度游

慢·旅·行·的·倡·导·者

中国铁道出版社有限公司
CHINA RAILWAY PUBLISHING HOUSE CO., LTD.

图书在版编目（CIP）数据

青海深度游 Follow Me /《亲历者》编辑部编著 . —4 版 . —北京：中国铁道出版社有限公司，2020.5（2021.10 重印）
（亲历者）
ISBN 978-7-113-26546-5

Ⅰ . ①青… Ⅱ . ①亲… Ⅲ . ①旅游指南 – 青海 Ⅳ . ① K928.944

中国版本图书馆 CIP 数据核字（2019）第 294254 号

书　　名： **青海深度游Follow Me**
作　　者：《亲历者》编辑部

策划编辑： 聂浩智
责任编辑： 杨　旭
版式设计： 东至亿美
责任印制： 赵星辰

出版发行： 中国铁道出版社有限公司（100054，北京市西城区右安门西街8号）
印　　刷： 北京顶佳世纪印刷有限公司
版　　次： 2015年1月第1版　2020年5月第4版　2021年10月第2次印刷
开　　本： 660 mm × 980 mm 1/16　印张：13　字数：260 千
书　　号： ISBN 978-7-113-26546-5
定　　价： 58.00元

如何使用本书

景　区

精选青海29个最热门的目的地，囊括青海的旅游精华。

景区概述

用简练的语言，让读者对景区有一个整体认识。

微印象

精选自媒体平台、旅游网站上旅行者对景区做出的价值性点评，让读者对景区有一个初步的认识，确定旅游目的地。

基本信息

包括门票价格、景区开放时间、最佳旅游季节、进入景区的各种交通方式等实用信息。

景区星级

从美丽、浪漫、休闲、人文、特色、刺激6个方面给景区评级。

二维码

扫描二维码获取景区更多、更新资讯。

景区示意图

标注景区出入口、游览线路、观光点、景区配套设施等信息。

子景点

观光点的详细介绍，并配有实用攻略、小贴士、旅友点评等丰富的资讯。

图片

选取精美图片，提升现场感，提供摄影参考。

景区攻略

包含住宿、美食、购物、娱乐、景区内部交通、旅游注意事项等，丰富且实用。

行程推荐

提供合理、实用的景区游览方案。

导　读

提供青海的基本背景信息，让读者先认识目的地，再开始旅行。

爱上城市

若干幅精美大片，让读者对目的地建立感性印象。

城市概览

以图文形式，梳理城市的地理、历史、文化等知识，让读者对目的地建立初步认识。

读懂城市

以专题的形式，介绍一些文化主题，让读者对目的地产生更深刻的认识。

青海，

来玩就要有深度

历史拾遗

青海历史悠久，在时代的进程中留下了许多珍贵的脚印，省内以古墓群、古寺庙、古岩画、古城堡为特征的名胜古迹众多，其中尤以塔尔寺最为知名，十分震撼。青海非常具有包容性，多民族聚居，汉、藏、回、蒙古、土、哈萨克、撒拉等民族都有着悠久的历史和优秀的文化传统，保持着独特的、丰富多彩的民族风情和习俗，让人久久难以忘怀。此外，青海也是花儿的故乡，“花儿”是流行于青海、甘肃、宁夏地区的一种山歌型情歌，是一种非物质文化遗产，文学艺术价值较高，被人们称为西北之魂。

自然风光

青海地处青藏高原，是“世界屋脊”的一部分，得天独厚的地理环境使其孕育出了壮丽的风景线。夏季是青海湖最美之时，环湖千亩油菜花竞相绽放，碧波万顷的湛蓝外围散布着金灿灿的亮黄，高山牧场的野花五彩缤纷，如绸似锦，数不尽的牛羊膘肥体壮，点缀其间。“万丈盐桥”是格尔木至敦煌的一段从达布逊湖上穿过的公路，15~18米的盐盖构成天然的“盐桥”2千米，桥上路面光洁平坦，山色湖光相映，景致很美，堪称举世无双。除此之外更有许多雪山、高原湖泊等众多奇美风景，于茫茫中感受天地辽阔。

青海，位于中国西部，雄踞世界屋脊青藏高原的东北部，是中国青藏高原上的重要省份之一，简称青，省会为西宁。境内山脉高耸，地形多样，河流纵横，湖泊棋布。昆仑山横贯中部，唐古拉山耸立于南，祁连山矗立于北，茫茫草原起伏绵延，柴达木盆地浩瀚无限。长江、黄河之源头在青海，中国最大的内陆高原咸水湖也在青海，因此而得名“青海”。

青海，一片孕育了大山大河的热土。

一朵云，一匹马，一块砖石，一条河流，青海的美就在这点滴之中聚集起来，汇成一种粗犷奔放的温情。带着磅礴的热气，带着汹涌浓烈的情感，展示着千百年来这片土地的种种过往。

青海的美，美在壮美澄澈的青海湖，美在明艳俏丽的门源油菜花海，美在连绵起伏的祁连山草原，美在辽阔苍茫的可可西里……它不言不语，却胜过千言万语，它就这么静默地伫立着，轻描淡写却又浓墨重彩。

青海不仅拥有来自于上天恩赐的魅力多样的自然环境，淳朴浓郁的民族氛围也浑然天成，为这片土地增添了别样的风情。

作为一个多民族聚居地，青海的韵味也仿佛比别的地方来的独特悠久。这里有八方闻名的花儿会，有隆重壮观的塔尔寺晒佛节，有载歌载舞的同仁六月会……不管你是来登高朝拜还是度假休闲，总能在这里找到一个满意的答案。

越是了解青海，就越是充满热爱，我们在这里等你。

山河故乡

青海素有“中华水塔”之美誉。这里是长江、黄河、澜沧江的发源地，故被称为“江河源头”，又称“三江源”，不管是地理上还是情感上的意义都非常厚重。三江源区境内昆仑山脉的巴颜喀拉山、可可西里山、阿尼玛卿山及唐古拉山脉横贯其间，高大山脉的雪线以上分布有终年不化的积雪，雪山冰川广布，绵亘几十里的冰塔林，犹如座座水晶峰峦，千姿百态，景色绮丽。

世界第三极

青海可可西里国家级自然保护区总面积4.5万平方千米，主要是保护藏羚羊、野牦牛、藏野驴、藏原羚等珍稀野生动物、植物及其栖息环境。青海可可西里国家级自然保护区为中国最大的无人区之一，因其自然环境的险恶，拥有独一无二的自然景观，尤其以藏羚羊及相关环境保护问题引起了社会各方面的重视，2017年7月7日，在波兰克拉科夫举行的第41届世界遗产大会上，青海可可西里经世界遗产委员会一致同意，获准列入《世界遗产名录》，成为中国第51处世界遗产。

目录 contents

速读青海 001-033

爱上青海

青海概览

读懂青海

第1章 034-079
西宁

第2章 080-115
西宁东部

第3章 116-141
青海湖

第4章 142-171
青藏铁路

第5章 172-200
唐蕃古道

示意图目录

速读青海

爱上青海

青海概览

读懂青海

青海湖畔邂逅真实的自己

青海湖有碧波荡漾，有百鸟争鸣，有壮阔油菜花海、成群的牛羊、碧绿的草原，也有历史古城、藏传佛教的寺庙建筑……每一处自然风光清新独特，每一处历史遗迹都沉淀着岁月的沧桑。“七月不远，青海湖不远”，走在青海湖，你会和海子一样不经意间邂逅真实的自己。

青藏铁路享受美景的震撼

一条人力构筑的“天路”连接了西藏和中原，开启一段美好的旅途。从西宁出发，逐渐升高的海拔会带你一路经过险峻山峰、晶莹雪山、碧蓝湖泊、无边沙漠、神秘无人区……一路美景，一路震撼，这里不是天堂，是自然与美的故乡。

走过雪山，叹雄伟壮观

阿尼玛卿雪山主峰终年积雪，远远望去，云雾缭绕，雪峰高耸，它冷峻高艳，有令人惊叹的绝世美景；雪山脚下是丰茂的高山牧场，泉水交错，溪流蜿蜒，夏天这里花团锦簇，牛羊成群。

至美风光，遇上坎布拉

丹霞地貌、电站大坝、峡谷库区及藏族风情浑然天成，集自然景观和人文景观于一身的旅游胜地坎布拉国家森林公园所带来的是独一无二的青海风情体验。

塔尔寺，藏传佛教的震撼信仰

岁月悠悠打马而过，塔尔寺的端庄肃穆并未减少一丝一毫，反更增加雄浑韵味。在这里飘舞的经幡伴随着僧侣们虔诚地念佛声，便觉得心境平和安定下来。

青海每月亮点

1月（1月中旬）

推荐游玩：丹噶尔民俗文化旅游节

地点：湟源

2月（农历正月初八至十八）

推荐游玩：塔尔寺正月祈愿大法会

地点：湟中

3月（农历二月）

推荐游玩：土族波波会

地点：互助县

4月（4月中旬）

推荐游玩：贵德梨花节

地点：贵德

5月（农历四月初八至十五）

推荐游玩：塔尔寺四月法会

地点：湟中

6月（6月下旬）

推荐游玩：青海湖国际沙雕与大地艺术节

地点：青海湖

7月（农历六月初六）

推荐游玩：花儿会、玉树赛马节

地点：玉树

8月（7月至8月上旬）

推荐游玩：环青海湖国际公路自行车赛

地点：青海湖

9月（7月中旬至9月中旬）

推荐游玩：土乡纳顿会

地点：互助

10月（农历九月二十至二十六）

推荐游玩：塔尔寺九月法会

地点：湟中

11月（农历十月二十五至二十九）

推荐游玩：藏传佛教燃灯节

地点：海南州

12月（12月10号）

推荐游玩：伊斯兰教古尔邦节

地点：西宁东关

常住人口：约 607 万（2019 年）
面积：约 72.10 万平方千米
民族：有汉族、藏族、回族、蒙古族、撒拉族和土族，其中撒拉族和土族为青海独有的少数民族。

青海地理

地形

青海省地势自西向东倾斜，最高点（昆仑山的布喀达坂峰约 6860 米）和最低点（民和下川口村约 1650 米）海拔相差约 5210 米。全省地貌以山地为主，兼有平地和丘陵。

青海省地形差异显著。东北部由阿尔金山、祁连山数列平行山脉和谷地组成，平均海拔 4000 米以上，其中的湟水谷地，是青海省主要的农业区；西北部的柴达木盆地有“聚宝盆”的美誉；南部是以昆仑山为主体的、占全省面积一半以上的青南高原，平均海拔 4500 米以上。

气候

青海省属于高原大陆性气候，具有气温低、昼夜温差大、降雨少而集中、日照长、太阳辐射强等特点。冬季严寒而漫长，夏季凉爽而短暂。各地区气候有明显差异，年降雨量主要集中于 7—9 月。

青海历史

夏商周时期

公元前 21 世纪至公元前 11 世纪，河湟地区有居民居住，他们被称为西羌人，以发展畜牧业为主，河湟羌人进入青铜时期及奴隶社会。公元前 5 世纪至公元前 2 世纪，河湟地区的羌人由狩猎、畜牧业转向农业。

秦汉时期

公元前 121 年，东部湟水、黄河沿岸，属凉州刺史部，辖浩门、破羌、临羌、允吾等县。日月山以西广大地区则为羌人活动生息的区域。

公元前 121 年，西汉派将军霍去病击败河西匈奴，汉军征讨河湟羌人，在湟中设“护羌校尉”。从此，汉王朝开始了对青海东部的控制。

魏晋时期

329 年，叶延建立少数民族吐谷浑政权。

397 年，南凉王国建立。

405 年，树洛干建立吐谷浑王国。

隋唐时期

619 年，唐朝政府改西平郡为鄯州，任命刺史以控制青海。

640 年唐太宗之女文成公主嫁给松赞干布，710 年唐中宗之女金城公主嫁入吐蕃，唐与吐蕃交好，并立碑在赤岭。

宋元时期

1099—1104 年，北宋将鄯州改为西宁州，西宁名称开始使用。

13 世纪初，成吉思汗在河州（今临夏县）设置“吐蕃宣慰司都元帅府”。

近代时期

1912 年，北洋政府任命马麒为西宁总兵。

1915 年，又任命其为蒙番宣慰使和甘边宁海镇守使。

1928 年 9 月 5 日，国民政府决定新建青海省，1929 年 1 月，青海省正式建制。

1949 年 9 月 5 日，西宁解放。1949 年 9 月 26 日，青海省人民军政委员会宣告成立。

1950 年 1 月 1 日，青海省人民政府成立。

青海
高原美味

青海是汉、藏、回、撒拉等多民族聚集之地，菜肴和小吃面点品种丰富、风味不一，兼具北方菜的清醇、川菜的麻辣和南方菜的味鲜香甜。

焜锅馍

焜锅馍是青海半农半牧地区人们的面食品，以放入焜锅内埋入炉膛或炕洞内烙制而成。烙出的馍馍，外脆内软，香气扑鼻。

哪里吃：“焜锅”之名来自烙炙锅具的名字，是青海常见的主食之一，在大街小巷都可以吃到正宗的焜锅馍馍。

奶皮

也叫干奶酪，和西餐中的“芝士”相似，是牛奶制品中最可口的营养食品。青海的奶皮纯黄夹白，入口奶油溢香，酥柔味美，不油不腻，营养丰富，老年人最为喜欢。

哪里吃：奶皮是门源回族自治县特产，其中以该县麻莲回族乡所产奶皮质量最优，有机会可前往品尝。

清蒸牛蹄筋

青海特色菜肴之一，清真饭馆里的地方风味菜。这道菜清淡不腻，质地犹如海参，很有高原乡土的风味，在其他省份很难吃到。

哪里吃：花满楼新派青海菜位于西宁市文博路海湖中学东门对面，那里的清蒸牛蹄筋做得十分地道。

青海老酸奶

青海老酸奶在青海民族饮食上有着上千年的悠久历史，到青海不尝老酸奶就如同去北京不吃烤鸭。在瓷碗中发酵而成的纯正老酸奶，无任何化学添加剂，绿色健康。

哪里吃：青海各市区大街小巷都可以吃到。

手抓羊肉

手抓羊肉是高原牧民对羊肉的一种独特吃法，青海地区以海西蒙古族藏族自治州首府德令哈的为最正宗。吃时一手持刀切割，一手抓肉入口，鲜美可口。

哪里吃：西宁市共和路上有家成贵羊脖子，他们家的手抓羊肉味道很不错，非常值得尝试。

尕面片

尕面片是青海人面食中最普遍而又很独特的家常饭。这种面片不是用擀面杖擀出来的，而是用手揪出来的。尕面片，又叫面片子。先将揉好的软面先切成粗条，用潮毛巾盖上片刻再用手指捏扁、揪断，每个大约手指宽，投入沸水中，煮熟可食。

哪里吃：青海湖151基地边上有一家叫宴海宫的饭店，那里尕面片很出名。

羊肠面

羊肠面是青海常见的一种风味小吃。它以羊肠为主料，并伴以热汤切面共食。夏天可吃凉，冬天可吃热，好吃又实惠。

哪里吃：西宁市城东区七一路的高尔力羊肠面是当地人比较推崇的面馆，据说总店更是好，有时中午就会卖光。

尝试 环保旅行

青海因地形复杂的原因，交通不是很方便，很多景点公共交通无法到达，近年来不少喜欢旅游的人开始选择徒步、骑行、搭车等环保旅行方式，这种方式不仅方便，其特殊体验也会令人终生难忘。

乘火车赏览美景

坐火车旅行是一种便捷又舒适的出行方式。从西宁发往格尔木或是拉萨的列车，多是全封闭，旅程中产生的垃圾全部回到城市处理，十分环保。对游客来说，安静地坐在火车上，看着沿途优美的风光如同画卷一样不断地展开，这种旅途的感悟才是最深刻的。

唯美洒脱的骑行之旅

这是一种纯粹意义上的唯美体验，不需要过多的比拼装备和体力，只要有一颗年轻而虔诚的心和对美丽的执着，随时都可以上路。在骑行者眼中，暖风吹过耳旁，世界尽在脚下，想停就停、想走就走，这种自由、洒脱、随意，就叫生活。游客可环青海湖骑行，意志坚强、身强力壮的话也可沿青藏公路骑行去拉萨。

用脚丈量，用心感悟

青海的美景有很多地方是难以用言语、用笔墨来表达的，于是用脚去丈量，用眼睛去目睹，用心去感悟就成了众多游客选择的方式。青海湖周围风景秀丽，自然条件相对其他地区较好，是徒步的好选择。

搭车，用勇气去看世界

搭车是一种长见识、锻炼能力、广交朋友，还能省钱的出行方式，虽然在中国，这种方式尚未真正普及。大多因为许多人对搭车充满憧憬和向往的同时，往往还有一丝惶恐与未知，所以如何勇敢地踏出第一步是很重要的。在青海需要搭车的地方都是一些偏僻的高原或无人区，那里生活的大都是藏族群众，他们对旅游的人很是热情友好，所以只要你敢于开口，还是有不少人会提供帮助的。

乡村旅游赏春色

每当4月初，青海会迎来踏青、赏花的好时节，乡村游也呈现一派火热的景象。在和县、化隆县等地桃花、杏花竞相开放，将广袤的田野上装扮得一片艳丽。游客们在山水田园中踏青、赏花，感受乡村不一样的乐趣。

马上驰骋祁连

4000多年前，马就已被人类驯化，在之后人类的漫长历史岁月中，马作为最重要的交通工具，与人类达成了不可言说的默契。祁连山草原也已有2000多年的悠久历史，草原上有当地牧民开的跑马场，与马这种富有灵性的生物来场邂逅，“我在草原牧马，你在山尖放歌”的牧民生活也是旅途中不可错过的体验。

遇见新奇物产

青海省地大物博，民族风情浓郁，在这片土地上孕育出了许多极具特色的物产，如酥油花、堆绣等，来青海一定不容错过。

堆绣

堆绣是一种别开生面的寺院文化艺术。从广义上讲，堆绣属于唐卡的一种。唐卡有卷轴（绘画）唐卡、刺绣唐卡、提花唐卡、贴花唐卡（又称剪堆、即堆绣）和宝石唐卡几种。其中堆绣为塔尔寺“三绝”艺术之一。堆绣注重人物的造型和神态，色彩鲜明，对比强烈。堆绣是刺绣艺术的创新，是刺绣与浮雕的结合。一幅堆绣可以说就是一幅丝质的彩色浮雕作品。

青海玉

青海玉因产于青海，故名。其外表美观，颜色为白底或浅灰底加绿色斑纹，玉质较细腻。青海玉呈半透明状，经常可见有透明水线。青海玉基本都是山料。由于青海玉色泽均匀，还被选为奥运奖牌的使用材料。

冬虫夏草

冬虫夏草又名虫草，是我国民间惯用的一种名贵滋补药材，其营养成分高于人参，可入药，也可食用，是上乘的佳肴，具有很高的营养价值。不少人来青海都是专程来买虫草的，但是并不能否认的是市面上存在着很多虫草的假货，还是建议到正规商店购买。

酥油花

酥油花是塔尔寺三绝之一，塔尔寺为了提高酥油花的雕塑技艺，设有上下两个酥油花院，以便彼此切磋相互印证。每年法会期间的酥油花基本都是由上下两个酥油花院共同协作，制作完成的。

盐花奇观

盐花是盐湖中盐结晶时形成的美丽形状的结晶体，因结晶过程中浓度不同、时间长短不一、成分差异等原因，形成了形态各异，鬼斧神工般的盐花奇观。青海的盐花主要分布在中国最大的盐湖——察尔汗盐湖，因这里气候干燥，年降水量不及蒸发量的百分之一，一切绿色植物均难以生长而形成。这里的盐花或形如珍珠、珊瑚，或状若亭台楼阁，或像飞禽走兽，一丛丛，一片片，一簇簇地立于盐湖中，把盐湖装点得美若仙境。

嘉那玛尼石

玛尼石堆是人们在一块块白石头上刻写六字真言“唵嘛呢叭咪吽”或者《大藏经》中的经文，还有各种佛像和吉祥图案，并饰以五彩而形成的聚集石刻。嘉那玛尼石堆就是在结古镇一处由 20 亿块玛尼石组成的石堆，被誉为世界上最大的玛尼石堆，已被载入《吉尼斯世界纪录》。

体验 民族风情

青海地区少数民族众多，不同民族的聚居给青海增添了别样风情，使得这片土地愈发鲜活起来。

蒙古族

蒙古族是中国的少数民族之一，在科学文化事业上比较发达，而且音乐、舞蹈也在艺术上居于相对显赫的地位。《蒙古秘史》《蒙古黄金史》《蒙古源流》被称为蒙古族的三大历史巨著。

藏族

藏族是中国的少数民族之一。藏族雕刻技艺高超。此外藏戏独具特色，藏医药学是中华医学的重要组成部分。创造了优秀的民族文化，在文学、音乐、舞蹈、绘画、雕塑、建筑艺术等方面，都有丰富的文化遗产。

回族

回族是中国分布最广的少数民族，在居住较集中的地方建有清真寺，又称礼拜寺。是中国少数民族中人口较多的民族之一。回族有三大节日：开斋节、古尔邦节、圣纪节。在文学、哲学、音乐、书画方面，回族也有诸多创造。

土族

土族是中国人口比较少的民族之一，其中青海省境内的土族约占全国土族总人口的85%。土族人民能歌善舞且有着丰富多彩的民间文学艺术。土族服饰具有独特风格。男女上衣都有绣花高领。男子常穿小领斜襟、袖镶黑边的长袍，腰系绣花长带，穿大裆裤，系两头绣花腰带，小腿扎上黑下白的绑腿带，戴毡帽，穿云纹布鞋。

撒拉族

撒拉族主要聚居在青海省循化撒拉族自治县和化隆回族自治县黄河谷地，以及甘肃省积石山保安族东乡族撒拉族自治县大河家乡一带。因自称"撒拉尔"，简称"撒拉"而得名。撒拉族具有独具一格的文学艺术，以民间说唱文学为主。此外撒拉族人民擅长擀毡、织褐、打铁、凿石、制鞋，其工艺考究，式样繁多。

西宁周边
休闲四日游

DAY 1

先到达西宁，在市内逛东关清真大寺、莫家街，前往塔尔寺观“艺术三绝”。

DAY 2

前往日月山，之后到达二郎剑景区拍摄青海湖美景，再经过黑马河去往茶卡盐湖，夜晚住宿在茶卡镇。

DAY 3

由茶卡镇返回黑马河，继续顺时针逛青海湖，再从刚察县驾车前往祁连县，欣赏卓尔山油菜花风光，夜晚住宿在祁连。

DAY4

从祁连前往门源，一路可欣赏大面积油菜花，最后在当晚返回西宁。

青藏铁路
沿线五日游

DAY 1

经青海湖北线抵达德令哈，前往海子诗歌纪念馆，追寻海子的诗影，再驱车前往褡裢湖，探外星人遗址。

DAY 2

驱车赶往察尔汗盐湖，感叹美丽盐花的神奇，夜宿格尔木。

DAY 3

由格尔木去往昆仑文化旅游区，游览纳赤台、无极龙凤宫、昆仑山口、楚玛尔河大桥等景观，夜宿五道梁。

DAY 4

前往唐古拉山乡，经沱沱河大桥，访长江源纪念碑、唐古拉山口等景观。

DAY 5

前往可可西里自然保护区。

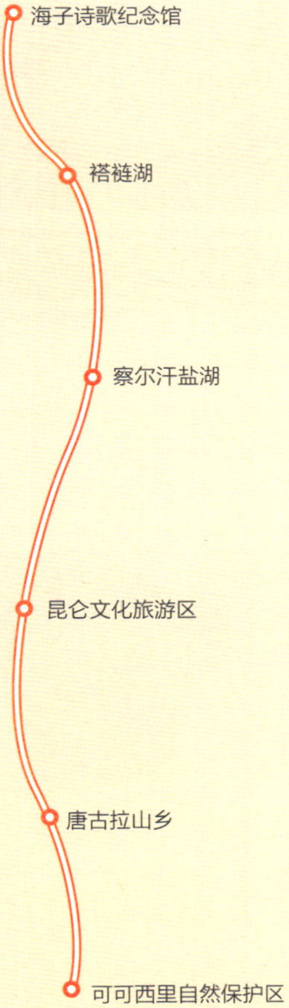

唐蕃古道 魅力六日游

DAY 1

从西宁市出发，前往日月山，途经倒淌河，抵达龙羊峡游览，夜宿龙羊峡。

DAY 2

驱车前往玛多县，途经花石峡感受“鬼门关”的惊险。

DAY 3

游览黄河源风景区的星宿海、鄂陵湖、扎陵湖、黄河源牛头纪念碑等景观，晚上返回玛多县。

DAY4

前往称多县，到震撼壮观的歇武寺朝圣，观览通天河与传说中的晒经台。

DAY 5

在结古镇参观嘉那经石城、结古寺，逛格萨尔王广场，之后前往文成公主庙，夜宿结古镇。

DAY 6

去往囊谦县，寻访达那寺、尕尔寺等寺院。

青海甘肃 大环线六日游

DAY 1

从西宁市区出发，前往塔尔寺参观，塔尔寺是中国西北地区藏传佛教的活动中心。之后可以在塔尔寺附近吃午饭，附近很多快餐店。下午翻过拉脊山，前往青海湖欣赏静谧深蓝的湖水，之后夜宿黑马河。

DAY 2

早起去黑马河欣赏壮观的日出景象，之后简单吃完早餐，前往茶卡盐湖。坐上采盐的小火车驶向盐湖内部。下午前往大柴旦准备晚上住宿，路上可欣赏到橡皮山、可鲁克湖以及外星人遗址。

DAY 3

一天基本都在路上，早上开车前往青海雅丹，欣赏独特的地貌特征，雄浑大气。之后前往阳关，路上遇到当金山可以下车拍照，晚上抵达鸣沙山月牙泉附近住宿，去沙洲夜市体验当地美食。

DAY 4

之后前往莫高窟参观。莫高窟的门票最好提前预订，很抢手。之后可在景区内解决午饭，然后继续参观。晚上可以去看魅力敦煌的演出。

DAY 5

早上起床之后去鸣沙山月牙泉景区游览，可以体验一下沙漠骑骆驼。之后前往张掖丹霞景区，路上路过嘉峪关。张掖丹霞“色如渥丹，灿若明霞”，是中国七大丹霞之一。晚上可以夜宿丹霞小镇。

DAY 6

沿着省道出发前往扁都口。可以在峨堡镇稍作休息，吃顿午餐。之后沿路是祁连山系，经过门源可以欣赏壮美的岗什卡雪峰，也可以去达坂山观景台上欣赏一番，之后进入西宁，沿途经过黑泉水库，晚上可以去西宁莫家街体验当地美食。

三江源头

大江大河的发源地

长江、黄河、澜沧江、玉树，若是把这几个关键词组合到一起，一定不难猜想到鼎鼎大名的三江源头。2009 年经中国三江源科考队考证，依据“河源唯远”的原则，确定卡日曲为黄河的源头，当曲为长江的源头，扎曲为澜沧江的源头。世界上很难再找出这样一个地方，汇聚了汹涌澎湃、波涛滚滚的三条大河；世界上也很难再找出三条同样的大河，它们的源头竟是亲近如斯，血脉相连。这就是三江源头的独特魅力。

三江源头地区位于青藏高原腹地、青海省南部，是我国面积最大的天然湿地分布区，素有“中华水塔”之称。这里为长江、黄河和澜沧江的源头汇水区，总面积 36.3 万平方千米，海拔 3335~6564 米，山川壮丽，水丰草美，野生动植物资源十分丰富。

为了保护好江河源头生态系统，保护好高原湿地，为高原特有的野生动植物提供良好的栖息环境，2000 年 8 月 19 日，三江源自然保护区纪念碑正式落成揭碑，它也标志着三江源自然保护区的正式成立。江泽民同志亲自题写了“三江源自然保护区”纪念碑碑名。

随着近年的名声大振，三江源自然保护区正以其独到的原始之美吸引着众多的旅行者。但应注意的是，因当地自然条件恶劣，三江源自然保护区之旅仍属于探险之旅，具有一定的危险性和不可预测性。游客进入应在各方面都做好充分的准备，条件不成熟，不可贸然前去。如要去源头，一定要找当地的向导带领，以免迷路及发生危险。

可可西里

生命禁区发展之路

一部电影《可可西里》让藏羚羊走进了人们的视线，同时，也让人们对这块神秘的地方充满了渴望与憧憬。这里自然环境极其恶劣，是中国最大的无人区，被称为“世界第三极”。

可可西里国家级自然保护区是羌塘高原内流湖区和长江北源水系交汇地区。保护区内湖泊众多，因此被称为“千湖之地”。

可可西里现代冰川广布。保护区地处多年冻土地带，冻土面积占保护区面积 90% 以上，冻土最厚达 400 米。冰川和冻土是巨大的固体水库。

可可西里国家级自然保护区地势高亢，基本地貌类型除南北边缘为大中起伏的高山和极高山外，广大地区为中小起伏的高山和高海拔丘陵、台地与平原。

可可西里国家级自然保护区拥有野牦牛、藏羚羊、野驴、白唇鹿、棕熊等青藏高原上特有的野生动物，是中国动物资源比较丰富的地区之一。

可可西里国家级自然保护区现有高等植物约 202 种，以矮小的草本和垫状植物为主，木本植物极少，仅存在个别种类。

可可西里野生动物

野牦牛 家牦牛的野生同类，四肢强壮，身被长毛，凶猛善战。典型的高寒动物，性极耐寒，为青藏高原特有牛种，国家一类保护动物。

藏羚羊 被称为“可可西里的骄傲”。背部呈红褐色，腹部为淡褐色，被毛致密。为国家一级保护动物，也是列入《濒危野生动植物种国际贸易公约》中严禁贸易的濒危动物。

野驴 外形似骡，四肢刚劲有力，背中央有一条棕褐色的背线。野驴为中国一级保护动物，被列入《濒危野生动植物种国际贸易公约·附录Ⅰ》。

青藏铁路

从此天堑变成通途

旅行家保罗·泰鲁在《游历中国》中写道："有昆仑山脉在，铁路就永远到不了拉萨。"而青藏铁路的建成通车，无疑是对这句话最好的反驳。

青藏铁路于 2006 年 7 月 1 日正式通车运营，东起青海西宁市，南至西藏拉萨市，全长 1956 千米，是实施西部大开发战略的标志性工程，也是中国新世纪四大工程之一。

因线路大部分处于高海拔地区和"无人区"，自然环境极其恶劣，青藏铁路的建成被视为奇迹。而如今青藏铁路已安全运行 4500 多天，促使西藏经济发展保持了年均 10% 以上增速。人们以"天路"来赞誉它，它也被称为"团结路、幸福路"。

在青海境内，青藏铁路沿途的主要景点有青海湖、茶卡盐湖、察尔汗盐湖、格尔木昆仑文化旅游区、可可西里自然保护区、沱沱河、五道梁、唐古拉山等，经过了青海湖景观带、昆仑山景观带、长江源景观带，一路景点众多，美景不绝。沿此线路旅行，不仅可欣赏青海地区的自然、人文景观，并可充分感受特色藏族聚居区的民族风情和宗教文化。

唐卡

藏族独有的绘画艺术

唐卡也叫唐嘎，唐喀，系藏文音译，指用彩缎装裱后悬挂供奉的宗教卷轴画。唐卡是藏族文化中一种独具特色的绘画艺术形式，具有鲜明的民族特点、浓郁的宗教色彩和独特的艺术风格，用明亮的色彩描绘出神圣的佛的世界。

鸟嘴：也称为惊燕。为面盖外面的两条彩带，垂至卷杆处，其底端呈鸟喙形。

绦子：也称绸带。楣杆上端钉有两个挂钩，挂钩上各带一个铁圈，圈上各系一根花绦子。唐卡悬挂供奉时，两根绦子互系，用作挂绳。唐卡卷好后，两根花绦子用于系紧唐卡。

楣杆：楣杆装在天池的上端，为宽扁形或扁圆形木条，缝粘在“贡夏”和里衬之间。木条越往两端越细，长度与唐卡宽度相同。

天池：天池位于唐卡画幅的上半部分，用料讲究，越是重要的唐卡用料越是名贵。

唐卡画芯：也称为美龙。唐卡的画芯内容叙述很广，大致可以分为九个类别。

面盖或遮幔：通常用丝绢制作，缝在唐卡的顶端，覆在唐卡前面盖住整个唐卡。它既是一种装饰，也是保护唐卡的重要部分。

牙子：也称为彩虹。镶于唐卡的画芯四周。唐卡的牙子以红黄两色为主。其实，其色彩搭配相当自由，甚至有不用牙子的情况。

地玉：地玉与天池相对应，位于唐卡画幅下方。

贡夏：在画芯的四边缝裱的丝绢或锦缎。四边的名称各不相同，上幅名为天池，下幅名为地玉，左右两侧分别为左侧幅和右侧幅。贡夏的尺寸大小是固定不变的。地玉的长度占画芯部分的 1/2，天池长度占地玉长度的 1/2。

唐门：也称为敦嘎或托居。为标准唐卡中地玉正中缝着的一块可任意大小、形状、颜色的锦缎。唐门是唐卡标志性的装饰物。

卷杆：卷杆装在地玉下端，为圆柱形，将唐卡的底边卷好并将其撑住。两端长出唐卡的部分，套上用金银或青铜制成的套盖。

轴头：杆头安的轴头有铜、银、紫檀木、铜镀金、银间镀金等质地。

民族聚居

平添一抹别样风情

青海省是我国多民族聚居的地区之一，也是我国北方少数民族发祥地之一。生活在青海的各族人民，在长期的历史岁月中形成了各自的民俗风情。青海的少数民族主要有藏族、回族、土族、撒拉族和蒙古族。

土族是我国少数民族中一个淳朴勤劳而又能歌善舞的民族。土族人民有丰富多彩的民间文学艺术。根据掌握的资料，土族民间文学按其内容和体裁，可分为“花儿”、叙事诗、家曲、传说故事、寓言、歌谣等。他们独特的风俗习惯是青海人文景观的一大特色。

撒拉族是一个勤劳勇敢、开拓进取的民族，是我们伟大祖国统一的多民族大家庭中的一个成员。撒拉族具有独具一格的文学艺术，以民间说唱文学为主。此外撒拉族人民擅长擀毡、织褐、打铁、凿石、制鞋，其工艺考究，式样繁多。

从某个方面来说，青海的历史，也是一部中国西部少数民族的发展史。这里人口和民族不断迁徙变化，带来的不仅是青海地区的逐渐繁荣，还向我们展现出一幅民族多样化、团结和谐的蓝图。

百花齐放

文化旅游推广传承

绵延巍峨的雪山，澄澈波澜的湖水，淳朴浓郁的民族风，可爱的高原野生动物……只要想到青海两个字，这些画面便呼之欲出。青海旅游资源丰富，类型繁多。除引人入胜的自然美景外，汉、藏、回、蒙古、土、撒拉等民族悠久的历史和优秀的文化传统，也相当令人神往。

文化产业作为文化与经济的纽带起着至关重要的作用。目前青海已形成东部、中部和西部三大旅游区，旅游设施日渐配套，可为国内外旅游者提供多种有效旅游方式。如今，丰富多彩的文化艺术已成为青海省经济发展的重要资源，是一个新的经济增长点。

近年来，青海省每年举办的“民族文化旅游节”更是全面推介宣传各民族优秀文化艺术的盛会。多彩的青海文化旅游节是以文化为载体开展系列旅游活动。连续几届的青海民族文化旅游节，把五湖四海的朋友们带进了神奇的青海，多情的河湟“花儿”、绚丽的民族服饰、欢腾的民族歌舞、精美的民间工艺、迷人的湖光山色，都给人们带来了无穷的欢乐，留下了美好的记忆。

文化旅游节的举办，不仅弘扬了民族文化，还能带动青海第三产业的发展。青海省是一个多民族聚居的地区，在漫长的历史长河中，各民族兄弟相互融合，共同发展，创造了灿烂的远古文明。今天，各民族兄弟在继承历史文化的基础上，不断发展，不断进步，为青海传统民族文化与本土企业注入了新鲜血液与活力。

第1章 西宁

西宁市区
西宁近郊
塔尔寺
大通老爷山
湟源
门源百里油菜花海
祁连山草原风光区

西宁市区

文化夏都

微印象

@妮萨飞 西宁市区的景点相对来说还是比较集中的，既有自然景观又有人文建筑，还有不少美食小巷，来青海一定不要只把西宁当作中转站。

@云游四海翁 东关清真大寺历史悠久，交通非常方便，来西宁旅游，一定要去看看。

门票和开放时间

门票：湟水河、水井巷、莫家街、东关清真大寺、青海省自然资源博物馆免费。

开放时间：湟水河、水井巷、莫家街全天开放；东关清真大寺夏季8:00~20:00，冬季8:00~18:00。

最佳旅游时间

参观西宁市区各景点四季皆可，尤以夏季最佳，清风习习，凉爽宜人。

进入景区交通

位置：西宁市主城区湟水河南岸一带。

交通：市区乘5、17路公交到东稍门站下可到东关清真大寺；乘1、23等多路公交到大十字站下可到莫家街，西门站下可到水井巷；乘65、69路公交到文汇桥南站下，步行可到青海省自然资源博物馆。

景点星级

美丽★★★★ 特色★★★★ 人文★★★★ 浪漫★★★ 休闲★★★ 刺激★

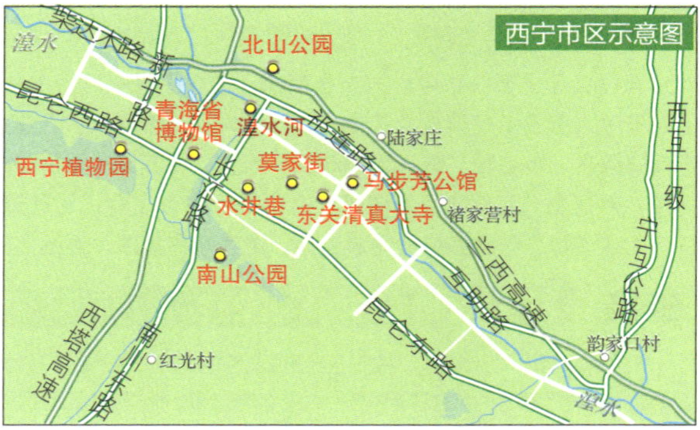

西宁，古称西平郡、青唐城，为青海省省会，青海最大的城市，古丝绸之路南路和唐蕃古道都经过这里，因是青藏高原的东方门户，也被称为“海藏咽喉”“西海锁钥”。其历史源远流长，宗教文化深厚悠久，民俗风情多姿多彩，自然景观独特高远，堪称青藏高原上的璀璨明珠。

西宁市内的景点人文景观甚多，东关清真大寺、莫家街、水井巷等，从不同的角度讲述了青海的历史与文化，再现了这座古老城市的独特风韵。蜿蜒于市内的湟水河则为其增添了诸多灵秀之气。

1 东关清真大寺

东关清真大寺位于城东区东关大街 31 号。大寺初建于明朝洪武十二年（1379 年），是全国四大清真寺之一，也是西北地区伊斯兰教的教育中心和最高学府。

寺庙坐西面东，整体布局以前门、重门（中五门）、大殿双重门依次而进，庄重典雅，极具我国古典建筑和民族特色风格。大院正西的礼拜大殿为主体建筑，青砖砌墙，单檐歇山顶，装饰彩色琉璃瓦，殿前左右建有邦克楼和望月楼，是中国传统文化和伊斯兰文化相结合的产物。值得一提的是，礼拜大殿殿顶的藏式鎏金宝瓶，由甘肃拉卜楞寺的喇嘛赠予，在国内清真寺中独一无二。

小贴士

参观清真寺应尊重伊斯兰教的宗教礼仪，不要大声说笑，更不要议论穆斯林的衣着打扮。而且，女性游客可以入寺但不能进入礼拜大殿，穿着也不能太暴露。

攻略

摄影：喜欢摄影的游客最好在早晨天刚破晓的时候到达那里，不仅可以拍到寺庙在晨曦中的宏大身影，还能拍到穆斯林清扫寺院的情景。不过，进入寺内照相需要取得管理人员的同意才行，而且，大殿禁止摄影。

逛活动：如果想要感受穆斯林聚会的盛大活动，建议可以在三大宗教节日或礼拜时来寺庙参观，但一定要注意安全，尤其是带孩子的游客，要看好孩子，以免走散。

2 莫家街

莫家街位于西宁市中心东大街南侧，迄今已有600多年的历史，是西宁最古老的街道之一。在西宁人眼中，莫家街是传统的美食街，而在外地游客看来，莫家街更是一个青海美食集中区。走进这里，青海的酿皮、炒凉粉、酸奶、油炸糕、面片、抓面、羊肉串等青海特色小吃随处可见，麻辣烫、米粉、馄饨、擀面皮、豆腐脑、麻团等大众小吃也应有尽有，若是到了晚上，瓜果梨桃、蔬菜肉食、干果调料、生猛海鲜、纪念品各处摊贩云集，游客摩肩接踵，更是热闹非凡。

链接 莫家街是如何得名的?

根据明嘉靖年间的传说，京都礼部官员莫怀谷的家中藏有一只“温凉盏”，这只酒杯冬温夏凉，酒味醇香，非常神奇。首辅严嵩之子严世蕃听说后，想要抢夺过来，但莫怀谷坚决不给，于是严世蕃串通他的父亲用“莫须有”的罪名将莫怀谷贬谪到了西宁。到了这里之后，莫怀谷便在莫家街所在之地修宅建院，并在今雷鸣寺街南面修建了一座“莫家寺”，寺内供奉有三尊大菩萨像和莫氏祖宗灵位，建成后，这条街道即根据寺名取名为莫家街了。

3 水井巷

水井巷，是西宁最著名的小吃街，因一眼水源而得名。它位于中心广场附近，东起商业中心西门口，西止北大街，几乎集中了青海省的所有名吃，号称“百味街”“小香港”。

街上很多小吃店形成了西宁市的特色，在街北，有羊头肉、手抓肉、酿皮子、酸奶、锅盔等小店，街南有浙江的小馄饨、云南的米线、四川的麻辣烫等店面。街上的小摊档更是受到年轻人的大力追捧，烤羊肉串、羊杂碎、甜醅儿、酿皮儿、麦仁饭、麻食儿、拉条子、凉粉儿、手抓羊肉、羊蹄髈、粉汤等各种美食样样俱全，甜的、酸的、辣的各种口味应有尽有。不管你是不是吃货，来到西宁，这里都不可错过。

点赞 刺猬鱼　据说以前水井巷是很有名的小吃街，名气更大过莫家街，不过现在好像发展小吃加旅游纪念品，吃的名气反而被莫家街赶超了。小吃的种类很多，各种西宁特色汇聚，对于外地人来讲还是很方便的。

4 青海省自然资源博物馆

青海省自然资源博物馆位于西宁市城西区海晏路75号地矿科技园，是国内首家以自然资源为主建设的省级行业博物馆，首次实现山水林田湖草、生物多样性、矿产资源等自然资源全要素融合展示的博物馆。

整个博物馆总建筑面积7510平方米，其中展厅建筑面积5747平方米。博物馆展区共四层，包括序厅、地球科学厅、自然资源厅、人与自然厅、体验大自然——自然旅游资源体验厅、矿物晶体厅和风雨历程厅。

点赞 呆呆鼠 这个馆进去一看真是大开眼界，从宇宙奥秘到高原科考，加上各种炫酷的灯光特效，跟大城市的博物馆相比也毫不逊色。

5 湟水河

湟水河又被称为西宁河，是流经西宁城北的黄河的重要支流，火车站前即可看到它蜿蜒流淌的身姿。它发源于海晏县包呼图山，东南经西宁市，到甘肃省兰州市西面的达家川流入黄河。

这条河流堪称西宁的母亲河，在它的哺育下，河谷地带到处草木丛生，绿树成荫。古代时，每到春夏之际，湟水河上游的冰雪逐渐消融，水源充足，加上西宁西郊河、北川河、南川河先后注入，使得这里河水水面高涨，波涛汹涌，人称“湟流春涨”，被选为西宁古八景之一。不过，如今因为人们对大自然生态环境的破坏，这种景象已不可见。

点赞 呆呆鼠 湟水河的水真的是黄色的，流经塔尔寺，可以带来一定的灵气。冬天有好多人在河上滑冰，夜景也很不错。

攻略

住宿 驴友力荐的住宿地

西宁市区住宿条件比较优越，跟内地城市相比甚无相异，大十字街附近及火车站周围各类酒店、快捷宾馆、青年旅舍都较为集中，住宿选择非常多，交通也很方便。

西宁伊尔顿国际饭店：位于城东区东关大街59号，距离东关大清真寺很近。距离南山公园和青海高原野生动物园也都挺近，周围吃饭的地方也很多，都是老字号的餐厅。电话0971-8160999 。

西宁西海驻青年客栈：位于东关清真大寺对面，是西宁唯一一家提供青海旅游攻略的客栈，周边的景点介绍较全，有很多手绘图，布置得很有特色。而且，还有专门车队为客人提供拼车服务。电话：0971-8825566。

西宁维斯汀酒店：位于城西区黄河路，紧邻王府井百货中心广场，近西宁市体育馆，前往火车站也很方便。酒店旁边是著名的水井巷小吃街、兴海路小吃一条街，在这里你能尝到最有特色的当地小吃。电话0971-7665555 。

西宁西凉驿青年旅舍：出门就是莫家街和大新美食街，交通很方便。旅舍有一个露天小院是公共活动区，所有房间都有暖气，很舒服。电话：0971-8212658。

美食 饕餮一族新发现

西宁市区美食集中地主要有水井巷、莫家街和东关清真大寺附近。到水井巷必须要尝尝这里的青海老酸奶，跟超市卖的完全是两个概念；莫家街是当地传统的美食街，除了热闹的夜市，里面最有名的就是马忠食府了；博物馆邻近新宁广场，游客也可以到广场美食街吃饭。此外，东关大街附近有一些清真美食，可前往一尝。

清真益鑫羊肉手抓馆，位于城中区湟光花园北街白玉巷5号(东大街路口)，是一家百年老店，这里的羊肉经过秘制蒸煮而成，蘸上椒盐一起吃的，确实很好吃。

伊尔顿饭店：西宁比较高档的饭店，很正宗的清真餐厅，早餐最受欢迎，有拉面、包子、煎蛋等，品种很丰富，比较符合外地人的口味。

福生祥老干拌，位于城东区共和南路5-15，干拌、面片、炮仗是西北最有特色的几样小吃，那里的牛腱子肉也不错，也挺实惠的。

小圆门美食宫：位于东关大街，是西宁本地比较出名的老字号餐馆，其中的藏式霸王牛排、祁连山黄菇、手抓八宝饭是桌桌必点的美味。

西宁近郊

回归自然的萦绕

微印象

@少年听雨 西宁的南山公园是西宁人经常去的地方，上面有南山寺，还有凤凰台。“凤凰台上凤凰游”就是根据这里写的诗。我记得还有一个湖，湖边的塔是仿照上海的东方明珠建造的，只是小了一点。

@猜火车 北山那郁郁葱葱的森林映衬着被皑皑白雪覆盖的山峰，那一株株各具表情的红桦树和白桦树所告诉我的生命历程，那清澈见底的河流所发出的欢快的流淌声，那牛羊、那鸟鸣、那云雾，还有那触手可及的霏霏细雨，第一次去就已被震撼住。

门票和开放时间

门票：南山公园免费，凤凰台10元，西宁植物园免费，青藏高原野生动物园30元，中国藏医药文化博物馆免费，北山免费。

开放时间：南山公园、西宁植物园8:00~18:00，青藏高原野生动物园9:00~17:00，中国藏医药文化博物馆8:30~18:00，北山8:00~18:00。

进入景区交通

位置：西宁市郊周围。

交通：

1.至南山公园：乘坐16、17、31、103等路公交车至南山公园站下车即到。

2.至西宁植物园：乘坐40、47、35、601等路至殷家庄站下可到。

3.至青藏高原野生动物园：乘22、47、601等路在殷家庄站下，或乘6、9等路在水校站下可到。

4.至中国藏医药文化博物馆：乘坐公交1路、504路在新乐花园站下车即到。

5.至北山：市内乘坐10、11等多路公交至寺台子站下车，沿北禅路向北步行约800米即到。

景点星级

休闲★★★★　人文★★★★　浪漫★★★　美丽★★★　特色★★　刺激★

西宁除市内的诸多人文景观之外，郊区也有一些不错的自然景观，如有名的南山公园、西宁植物园、青藏高原野生动物园、北山；它们景色各异，风光旖旎，展示了西宁地区独特的高原景色。在西宁郊区游览，可于植物园、动物园看内地难得一见的高原动植物，也可于公园、山峰感受西宁优雅宜人的一面。

1 南山公园

南山公园又叫凤凰山，山上有亭，名叫凤凰亭，相传是因南凉时有凤凰飞临其上而得名。这和当时流传的“龙现于长宁，麒麟游于绥羌”之说类似，成为西宁一大胜景。据《西宁府新志·地理志》中记载：“南山……冬夏积雪不消，耸出万山之上，俨若银屏，又谓之雪山，俗称南山积雪为八景之一也。”因而这里形成了西宁古八景之一的“凤台留云”。

南山绝顶气候多变，登上山顶，宛如置身在天宫之中，头顶青云缥缈，脚下冰层晶莹，十分壮观。夏天前往南山公园还能看到“南山积雪”，很是奇特。

南山上的景点均为新中国成立后新建而成，西宁电视台发射塔与凤凰亭相互对称，两者一塔一亭，遥相呼应。

攻略

1.喜欢自然美景的话，可以看看南山公园以青海云杉、祁连圆柏、油松、青杨、榆树为主形成工人森林景观，还有公园中心以牡丹花为主的数十种高原名花卉。每到盛夏时节，整个园区绿绿葱葱，很能让游客体会到回归大自然的无穷乐趣。

2.南山公园有一处新近建成的五彩瀑布，它在太阳光的照射下会形成“彩虹飞落”的场面，成为西宁独有的瀑布水景。

链接 南禅寺

南禅寺位于南山公园之内，是一组以关帝庙为中心的古建筑群，也是目前西宁保存较为完整的古建筑群之一，青海省历史最悠久的汉传佛教寺院。寺内有四合院五座，房屋86间，主要建筑为大雄宝殿、千佛殿、玉佛殿、三圣殿、韦驮殿、弥勒殿、地藏殿等。寺庙香火旺盛，西宁市内及周边地区的汉传佛教信徒经常来此举行各种宗教活动。

2 西宁植物园

西宁植物园位于西宁西山湾，由西山林场的一个苗圃扩建而来。植物园面积广大，以台地为主，分山上、山下两个旅游区；其内部既有丰富的绿色植物，也有独特的园林景观、园林艺术展示、园林植物繁育推广等，集游览观光、科普研究于一体。植物爱好者可在这里一睹难得一见的高原特有植物，及精心创建的具有高原特色和地方民族特色的园林植物配置艺术。对于当地市民来说，这里是个环境幽雅、风光秀美的绝妙休憩游览场所。

点赞 暮色 西宁植物园内的空气、环境很赞，盆景区很有意思，里面的盆景各式各样，很漂亮，值得一看。

3 青藏高原野生动物园

青藏高原野生动物园位于西宁市城西区海湖路批发市场南侧西山林场境内，为西宁最大的动物园。园区内展出有约两百种三千只动物，包括一些珍稀动物，如国家一级保护动物雪豹、大熊猫、藏野驴，及有高原精灵之称的藏羚羊、普氏原羚等都可在这里看到。动物园分设动物散养区、动物圈养区、动物表演区、动物救护检疫区、科普教育区等不同的区域。参观的同时游客还可亲手触摸部分动物，给动物投喂食物，与它们合影留念。

点赞 Sean 青藏高原野生动物园相当大，在里面看到了非常珍稀的雪豹、普氏原羚，百鸟苑里的鹰很壮观，它们在头顶飞过感觉相当震撼。动物园极具高原特色，花半天时间逛逛很值得。

4 中国藏医药文化博物馆

藏医学博大精深，与中医学、古印度及古代西方传统医学，并称为世界四大传统医学。坐落在青海生物科技产业园区中心的中国藏医药文化博物馆就是这样一处了解藏医学的窗口，也是征集、保护、研究、展示藏医药文化遗产的世界上唯一的藏医药专业博物馆。

小贴士

博物馆里还有卖图谱的画册，但是价格不菲。另外，想要观赏巨幅唐卡的话，需要门票60元，但是不让拍照。

博物馆主体建筑以天圆地方的古老主题，融藏族传统建筑风格与现代建筑艺术为一体，是西宁市的标志性建筑。馆内共有 3 层，开设有药物标本、藏医医史、医学唐卡、医疗器械、古籍文献、天文历算、彩绘大观等 7 个展厅，及世界上最大的千尊药师佛殿和古籍藏书阁，馆藏文物达 20000 余件（张）。

攻略

博物馆内最值得一看的是，馆内永久性展出的由当代藏族著名唐卡工艺美术大师宗者拉杰历时20余年设计策划，400余位藏、蒙古、汉、土族顶尖工艺美术师耗时4年精心创作完成的、载入《吉尼斯世界纪录》的《中国藏族文化艺术彩绘大观》长卷，它以藏族传统绘画技艺用金粉、玉石、珊瑚等珍宝颜料精心绘制而成，堪称民族文化的稀世珍宝，藏文化精品的一大奇观。

5 北山

北山又名土楼山，位于城北区祁连路（近湟水北土楼山峭崖），地处黄土高原向青藏高原的过渡地带，是青海省境内保存最完好的天然森林资源之一。由于气候、海拔和地理位置的缘故，这里的天然林区具有明显的垂直分布景观带，针叶林、阔叶林与高山灌丛、高山草甸等共同构成森林景观的多样性，且有种类丰富的动物生存，被誉为青海高原天然的“动植物王国”。

北山上现存有佛寺、道观、砖塔、洞窟、壁画和露天大佛等古迹，具有浓厚而神秘色彩，是古代宗教活动的场所。尤为奇特的是，山上的神祠、寺庙、佛、道、儒均可互见，藏族、汉族的神话传说都有遗存。

攻略

北山洞窟中有一座崖体陡然突出，高数百米拔地而起，形成露天金刚，西宁人称为闪佛。它雄伟高大，造型粗犷，看上去既似佛像，又似宝塔，极具唐代艺术风格，在西北景观中十分罕见。

6 北禅寺

在北山之上有一座北禅寺，山上发育完好的丹霞地貌向里凹进，形成大小不等的洞穴，人称“九窟十八洞”，而在红崖间这座寺庙殿宇高悬，栈道回廊，将殿宇楼阁与洞穴相连，使殿中有洞，洞内套洞，洞中塑有佛道诸神像，形成了中国第二座悬空寺。北禅寺因处在丝绸之路南线必经之路，所以留下了许多名僧的脚印，历经几千年的风雨，成为了北山上一道亮丽的风景。

攻略

因为高原气候多变的缘故，北山也常常看到很多奇景，尤其是烟雨中的北山，会让人感觉到隐约模糊、水墨入画的意境。站在斗母殿，殿檐滴水如珠，雨幕中的群楼像笼罩了一袭轻纱，遥望南山，似见似不见，让人很有几分感慨。

塔尔寺

汉藏一体

微印象

@春来春晚 父亲说，以前的塔尔寺都是泥土地，现在修整一新，环境变好了，但是，味道似乎也变了，商业化气息更加浓了，但是，这里真的是值得一游的地方，酥油灯、唐卡，还有虔诚的教徒们，让人印象深刻。

@岁妮猜 西宁的必去景点之一，跟其他地方的寺庙有很大的区别。宗教的力量很大，在这里你会不自觉地变得虔诚。

门票和开放时间

门票：80元。

开放时间：8:00~18:00。

进入景区交通

位置：西宁市湟中县金塔路56号。

交通：

1.公交车：西宁市内管理站（23 路可达）站有直达塔尔寺的公交专线，票价约5 元。

2.客车：在西宁市新宁路汽车站（西宁市新宁路19号）乘坐西宁到湟中塔尔寺的客车，5～10分钟一班，车程约1个小时，在西宁市管理站公交车站（市区南部，南川东路与南山路交点）也有很多发往塔尔寺的客车，车程40分钟左右。

3.自驾：可按照“西宁市上昆仑中路—昆仑西路—西塔高速—湟中县城出口离开上匝道—塔尔寺”的线路前往，全程30千米左右，约45分钟车程。

景点星级

美丽★★★★★　特色★★★★★　人文★★★★★　刺激★★★　浪漫★★★　休闲★★★

塔尔寺示意图

塔尔寺又名塔儿寺。明嘉靖三十九年（1560年），为纪念生于此的格鲁派创始人宗喀巴而建。藏语称为“衮本贤巴林”，意即“十万狮子吼佛像的弥勒寺”。它是青海省首屈一指的名胜古迹，与西藏的色拉寺、哲蚌寺、扎什伦布寺、甘丹寺和甘肃的拉卜楞寺并称为我国藏传佛教格鲁派的六大寺院。

寺庙依山而建，由大金瓦殿、小金瓦殿、大经堂、大厨房、九间殿、大拉浪、如意宝塔、太平塔、菩提塔、过门塔等多间宫殿、经堂和佛塔寺组成，气势恢宏、错落有致，集多种建筑风格于一体，同时融各种法器、千姿百态的佛像、浩瀚的佛经和碑刻等宗教文物于一身，堪称是一座佛教艺术的精美宝库。

攻略

请导游：如果对宗教或寺庙历史不是很了解，建议请个导游带领参观。景区卖票处有很多导游，他们熟知塔尔寺的一切，听听他们的讲解，会知道很多有意思的故事。一般请导游约60元，可以试试砍价，也可以和别人合请一个。

顺时针转塔：参观塔尔寺时，如果想要转塔或转经筒为家人、朋友、自己祈福，记得要按照顺时针方向。

法会活动：每年农历正月（正月十四跳欠、正月十五酥油花展）、四月（四月十四跳欠、四月十五晒佛和跳欠）、六月（六月初六晒佛和跳欠、六月初八转金佛）、九月（九月十二全天晒佛、九月二十三跳欠），塔尔寺会举行四大法会，二月和十月还有两个小法会，届时会有很多信徒和游客，非常热闹，有兴趣可以感受下。

特别推荐正月十五灯节时的酥油花展，这是塔尔寺一年一度的大盛会，庙内艺僧会将精心制作的酥油花在寺内展出，美妙绚烂，绝对让你流连忘返。

米那活佛院
大金瓦殿
2
厨房
佛塔
4
长寿殿
1
八宝如意塔
小金瓦殿
3

① 八宝如意塔

建于 1776 年的八宝如意塔，位于寺前广场。是为纪念佛祖释迦牟尼一生之中的八大功德而建造的。八座塔造型大同小异，塔身高约两丈，白灰抹面，底座青砖砌成，腰部装饰有经文，每个塔身南面还有一个佛龛，据说里面藏有梵文。整体给人以优美壮观圣洁之感。

解说

八座塔从东到西依次是：

莲聚塔：纪念释迦牟尼降生时行走七步，步步开一朵莲花；

菩提塔：纪念释迦牟尼修行成正觉；

四谛塔：纪念释迦牟尼初转四谛法轮；

神变塔：纪念释迦牟尼降伏外道时的种种奇迹；

降凡塔：纪念释迦牟尼从天堂返回人间；

息诤塔：纪念释迦牟尼劝息诸比丘的争端；

胜利塔：纪念释迦牟尼战胜一切魔鬼；

涅槃塔：纪念释迦牟尼入槃大道，进入不生不灭的境地。

② 大金瓦殿

走进塔尔寺就能看见位于寺庙最中心位置的大金瓦殿，藏语称“赛尔顿庆莫”，即金瓦的意思。这是塔尔寺的主殿，建于明世宗嘉靖三十九年（1560 年）。

大金瓦殿是古时耗巨资建成的，屋顶为三层重檐歇山式金顶，檐口装有镀金云头、滴水莲瓣，飞脊有宝塔及一对“火焰掌”，四角设有金刚套兽和铜铃，底层是琉璃砖墙壁，二层是边麻墙藏窗，正面柱廊用藏毯包裹，殿内悬挂有乾隆皇帝御赐的金匾……整个建筑庄严大方、雄伟壮观，在阳光照耀下更显光彩夺目。

解说

清乾隆五年（1740年），藏王颇罗鼐·索南多布吉施舍白银二万七千两，将大金瓦殿全部盖上了镏金瓦，殿脊安置了大金顶宝瓶，金顶两边安置了一对喷焰宝饰，使得整个大金顶金光四射，灿烂夺目。殿高19米，殿中主要供着银壳神变大灵塔，塔高11米，以纯银作底，表面镀以黄金，并镶嵌有各种各样的珍宝，塔的中部佛龛里供奉着宗喀巴的泥像。

3 小金瓦寺

比大金瓦殿修建时间稍晚的小金瓦寺是塔尔寺又一值得细品的地方。它又名护法神殿，寺中回廊陈设着野牛、羊、熊、猴等走兽标本。据说，这些标本象征着一切恶魔鬼怪已被神征服之意。大殿左边是一匹白马标本，是当年三世达赖喇嘛从西藏拉萨到青海塔尔寺的坐骑，后人把它当作神马，和家神一起陈列供奉。

攻略

省钱妙招：塔尔寺对门票管理并不太严，游客基本赶在早上8:00寺庙工作人员未上班以前，或是下午5:00员工下班以后进入寺庙，门票就可以免收。

4 长寿殿（祈寿殿）

长寿殿在小金瓦寺的后面，殿的建筑面积为 772 平方米，殿宇为二层代檐廊重檐歇山顶式建筑，正面是琉璃瓦砖墙突出的小门，整体看去犹如一幅优美的木雕画图。值得一提的是，殿内供奉的释迦牟尼等 30 多座佛像，全是木刻浮雕，手工雕饰精湛细致，堪称是塔尔寺木刻艺术的结晶所在。

小贴士

长寿殿院内有菩提树数株，一到盛夏，浓荫蔽日，花满枝头，芳香扑鼻。

5 酥油花院

酥油花是塔尔寺三绝之一，塔尔寺为了提高酥油花的雕塑技艺，设有上下两个酥油花院，以便彼此切磋相互印证。每年法会期间的酥油花基本都是由上下两个酥油花院共同协作，制作完成的。

塔尔寺上下酥油花院共计有 20 余位专做酥油花的艺僧，做酥油花雕塑并不简单，半液化的酥油花易溶于水，酥油花的塑像过程通常必须是在 0℃以下操作。艺僧们必须能够长时间地经受住这个巨大的考验。雕像之前，僧人要将自己的双手长时间地浸泡在冰水中，直到双手的温度降至冰点，再用几乎已经冻僵的双手完成对佛像栩栩如生的再现。手温稍一升高就必须再泡进冰水中，如此反复，直到某一天雕像完成。一尊酥油花佛像的诞生，就饱含着喇嘛们的一段虔诚。

转塔朝圣的藏族群众，络绎不绝朝拜的信徒，随处可见的喇嘛，塔尔寺的每一个角落都会给人留下深刻的印象。

故事 酥油花的由来

相传酥油花传自西藏。文成公主和松赞干布结亲时，曾从长安带去一尊佛像，后来供奉在拉萨的大昭寺内。到了严寒的冬季，因为没有鲜花可以献给佛祖，聪明的信徒们为了表示诚意，就用酥油制成花来供奉在佛前，从此这成为藏族人民的一个习俗。1594年，酥油花传到了塔尔寺，该寺的僧人苦心钻研，又在题材和工艺上有了新的发展，于是这便形成了塔尔寺一种独有的高超油塑艺术。

6 大经堂

塔尔寺中建筑规模最大的莫过于大经堂。这是一座土木结构的藏式平顶建筑，拥有 168 根大柱，是寺院喇嘛集中诵经的地方。

大经堂内陈设非常考究，既有满堂林立的五色幡、帏和各式天花藻井，又有珍贵的大型堆绣挂佛、刺绣佛，梁檐上还绘有细腻生动的藏式图案花纹。另外，在殿内的屋面上，按照宗教法制和西藏传统艺术，还装有铜制镏金的金鹿法轮、各式金幢、宝瓶、宝塔、宝伞和倒钟等，整个建筑富丽堂皇、绚丽多彩。

链接 塔尔寺艺术三绝

酥油花：是用酥油塑造各种佛像、人物、飞禽走兽、树木花卉、亭台楼阁和宗教、神话故事等，造型生动，形态逼真，工艺精巧。

壁画：是各殿墙壁上的绘画，大多绘于布幔上，也有的直接绘于墙壁或栋梁上。壁画染料采用石质矿物，色泽鲜艳，经久不变。

堆绣：是塔尔寺独创的藏族艺术品种之一，它用各种色彩的绸缎剪成了所需要的各种形状，如佛像、人物、花卉、鸟兽等，以羊毛或棉花之类充实其中，再绣在布幔上，由于中间凸起，有明显的立体感，堆绣的内容题材大都是佛教故事和宗教生活等图案。

攻略

住宿 驴友力荐的住宿地

塔尔寺距离市区挺近，可以当天往返西宁市区。如果要在塔尔寺停留的话，附近有几家宾馆可供选择。

心宿1357客栈：离塔尔寺步行十分钟左右，房间设施很好，可以好好洗个澡，酒店到处都透露出佛家特色，还有淡淡的香味。电话0971-2216288。

湟中裕祯酒店：距离塔尔寺50多米，从酒店可以观看到塔尔寺全景，有24小时热水，Wi-Fi全覆盖。电话0971-2227776。

美食 饕餮一族新发现

塔尔寺周边有很多家小饭店，大都以清真店为主，吃食与西宁市区大体上没有什么区别，多为口味偏咸的羊肉。当然，酸奶、酿皮、甜醅也必不可少。游客可以选择在这里就餐，也可以选择回西宁市区。

购物 又玩又买嗨翻天

想要购物的话，可以在塔尔寺内塔群边的纪念品小店买，也可以去寺外。推荐寺外两个地方，一个是山门外公路广场，一个是停车场旁边的街道内。这两个地方的购物点主要是藏式装饰品和塔尔寺纪念品，私人经营，砍价余地很大，一般游客出价在卖方出价的三分之一，就能买到。

特别提示

❶ 在塔尔寺景区有很多乞讨的假喇嘛，如果他们和你搭讪要钱的话，无须理会。

❷ 塔尔寺主殿是不允许游客照相的，但除大金瓦殿庭院外，其他的庭院可以拍照，只是不能开闪光灯，会有僧人专门管理查看。

❸ 塔尔寺的经院或大殿并非都会对外开放，有时遇到佛事，部分经院或大殿门口会提示“暂停开放”，如果遇到，千万别偷偷进入，否则后果很严重。

❹ 塔尔寺海拔约2700米，虽然不算太高，但部分游客可能会出现轻微的高原反应，去之前最好做好一定的准备。

❺ 如果是乘坐湟中的出租车回到西宁市，记得只能到西宁市水井巷的南口，因为湟中县的出租车是不准开进西宁市区的。

大通老爷山

西宁市旅游胜地之一

微印象

@北京猫 老爷山位于大通县境内，距离西宁大概50千米，是西宁的古八景之一。在老爷山南麓，由于岩体石灰岩长期受雨水侵蚀，形成了许多岩石、岩洞，从南坡上山比较陡和险。

@流水其 老爷山主峰西南皆为悬崖绝壁，北面与牦牛山相对。加上高原天气多变，时而浓云密布，时而天高气爽，登高眺望，云海苍茫。山上有火烧台、老虎洞和古寺庙遗址。

门票和开放时间

门票：20元。 开放时间：8:00~18:00。

最佳旅游时间

夏秋之际最佳。每到盛夏季节，漫山遍野郁郁葱葱，遮天蔽日，丛林中玫瑰、牡丹、芍药、金露梅、银露梅及各种野花竞相开放，芬芳扑鼻。深秋季节的景色可与北京香山景色相媲美。

进入景区交通

位置：西宁市大通回族土族自治县桥头镇北川河畔。

交通：

1.中巴：在西宁纸坊街公交总公司二公司车站有开往大通县的中巴车。

2.班车：乘坐西宁到大通的班车（新宁路客运站每天7:00~19:00有多班），到达县城后打车或者步行均可到达。

3.自驾车：从西宁市驾车向北，约30千米就可以到大通县政府所在地的桥头镇。

景点星级

美丽★★★ 浪漫★★★ 特色★★★ 休闲★★★ 人文★★★ 刺激★★

老爷山又名元朔山、北武当，是西宁附近一座山势雄伟、风景优美的山峰。古时，它以“苍松蓊翳，石磴盘梯，川流萦带，风景佳丽”而闻名，被选为古大通八景之一。在漫长的历史长河中，老爷山经历了沧海桑田的巨变、风化和水蚀，使其整个山体母岩形成中震旦纪石灰岩，岩层由下而上分块排列，构成了奇特怪诞、险峻挺秀的岩洞和峡谷地貌。

老爷山主峰西南都是悬崖峭壁，北面和牦牛山相对，加上高原多变的气候条件，在这里登高远眺，如同站在苍茫云海中，别有一番野趣。如果你对历史古迹感兴趣，还可以在此看到火烧台、老虎洞和古寺庙等古代遗址。

1 雷公殿

雷公殿在老爷山公园中的玉皇大殿左下侧，是一座新落成的殿宇，雕梁画栋，非常精美。大殿西南背北，分为三间，殿中一间供奉的是身穿绛纱衣、头戴芙蓉冠的雷公，他那疾恶如仇的神态被雕刻得十分生动。从远处看，整个雷公殿巍峨宏大，很有气势，已成为游人登山览胜的新景点。

攻略

老爷山公园的亭台楼阁很有特色，迎霞亭、爱晚亭、红叶亭等布局巧妙，半壁亭、望峰亭等造型优美。登山途中，观赏亭台楼阁、品味楹联佳句也不失游人的一大乐趣。

2 药王庙

药王庙位于老爷山，入庙凭窗远眺，石光山色，平林远峰，寒翠苍绿，深青浅碧，各具形态。出药王庙南行十数步，即至玉皇宫，内塑玉皇大帝像，院落甚为宽敞，庙门走廊旁各塑黑虎一只，张牙舞爪，神气活现。百子宫中塑子孙娘娘，壁崖间遍置泥人，前燃巨蜡，粗若茶杯。往游妇女，争先焚香，或讨神签，或拴泥人，煞是虔诚。菩萨殿处地较高，游人在此小憩者甚多。

柴家大殿为元朔山西北第一胜地，殿宇巍峨，门内厅壁间绘塑半立体形佛图，腾云驾雾，栩栩如生。内庭有身着黑袍的无量塑像，高达丈许。塔南山湾中有石洞一处，下临绝底深渊，上塔松木二根，即为太元宫，也称老爷庙，内塑关公像，左有周仓持刀而立。两厢墙壁间绘制关公生平伟绩，如“出五关”“单刀赴会”等不一而足。

3 黑泉水库

黑泉水库就在大通老爷山附近，位于西宁城北大通县的宝库河上。水库依山而建，有种高峡出平湖的感觉，水面开阔，湖水碧绿，周围草原、树木郁郁葱葱，环境非常漂亮。黑泉水库一般都不会作为专门去的景点游览，都是游客开车从西宁前往门源路过这里时停车拍照。秋天是拍照的好时候，此时周围的树木变黄，景色温婉。每到晴空高照，湖水平静，水面倒映着蓝天和周围的山峦，随手一按就是漂亮的大片。

攻略

住宿 驴友力荐的住宿地

老爷山距离西宁市不远，当天往返没问题。如果有特殊情况需要住在当地的话，可以选择住在大通县城。

大通厚源酒店位于大通县桥头镇，中式装修有意境，菜品也好吃，分量足。 电话0971-2819551。

美食 饕餮一族新发现

在桥头镇和老爷山都有可以吃饭的小餐馆，回族同胞经营的各类清真馆更为干净些。或者也可以自带一些简单吃食，如面包、牛奶、巧克力等。

特别提示

❶ 爬老爷山要多带两瓶水，一来附近买水不是很方便，二来爬山容易口渴，随时备着可以及时补充。

❷ 老爷山上山一路都是阶梯，建议爬行时最好匀速走，时快时慢地爬山会很快降低体力，而且越走越累。

湟源

青藏高原的“小北京”

微印象

@小龙人 昆仑文化、卡约遗址、汉唐古堡、明清寺庙、唐蕃古道、丝绸南路等文化遗存，湟源排灯、陈醋、藏靴制作、民间剪纸等民族艺术都是湟源县吸引游人的景点特色。

@西瓜葡萄 丹噶尔古城是一座很古老宁静的古城，不是很大，但它的一砖一瓦都凝聚着历史的力量，散发着古老的味道！特别是牌坊下的石龟，像是记载了这座古城的见证者！

门票和开放时间

门票：丹噶尔古城免费，古城内小景点单独收费，通票80元，赞普林卡40元。

丹噶尔古城和赞普林卡开放时间均为：8:00~18:00。

进入景区交通

位置：西宁市湟源县。

交通：

1.火车：西宁西站每天有两趟开往湟源的火车，7581次列车每天8:25发车和K9803次列车每天21:25发车，都用时40分钟左右；到湟源后打车前往景区。

2.自驾：由西宁出发，开车经京藏高速—西湟高速前往约1小时。

景点星级

人文★★★★ 特色★★★★ 休闲★★★ 美丽★★★ 浪漫★★ 刺激★

湟源，位于黄河北岸，青海湖之东，湟水之源，被祁连山支脉大通山、日月山、华石山所环抱，地理位置极为优越。湟水河自西北而东南斜贯湟源县北部，最大支流药水河由南奔北，两条河将湟源分成狭长的“丁”字形河谷盆地，构成“三峡”，即西石峡、巴燕峡、药水峡。整个峡内高山林立、奇石嶙峋、河水奔腾、风景如画。

湟源在古时被称为“丹噶尔”。这里曾是茶马互市和日用杂货的聚散地，对增强汉、藏、回、蒙古族的关系和繁荣农牧业经济，起过重要作用。特别是在清朝嘉庆和道光年间，湟源县商贾云集，驼铃阵阵，极为热闹，人称“青藏高原的小北京”。

1 湟源峡

进入湟源县境内就会看到湟源峡这条长长的峡谷，峡谷两侧因群山崔嵬、峰峦兀立、峭壁千仞，而有“一夫当关，万夫莫开”之势，自古被称为“海藏咽喉”。

整个峡谷不算太长，却是一步一景，除了佛尔崖、月牙湾、石崖庄、北古城等古迹名胜外，青山怪石和林海滴翠也是很吸引人的景致。尤其是夏天的时候，从峡谷穿过，一边是林木吐绿摇曳，一边是青草怪石相映，山涧里是碧水长流，谷地里有小麦、油菜、蚕豆等农作物生长，可以让游人尽情享受到满峡满谷的秀美景色。

点赞 翠都山色 农闲时节，富裕起来的庄稼汉们将三五顶花花绿绿的帐篷扎在一片片清静秀丽的林地里，或是亲朋好友欢聚，或是招待过往游客，很是热闹。

2 丹噶尔古城

丹噶尔古城得名于藏传佛教寺院东科尔寺，有“海藏咽喉”“茶马商都”“小北京”之誉。它地处黄河北岸、西海之滨、湟水之源，黄土高原与青藏高原在这里结合，农耕文化和草原文化在这里相交，唐蕃古道与丝绸南路在这里穿越，众多民族在这里汇聚，因而地理位置十分优越。

原来的古城是名副其实的“兵城”，据说当年修筑完成后，清政府曾在此设有丹噶尔营，道光三年（1823 年）又将丹噶尔营升格为镇海协营，足见其军事位置的重要性。后来随着商业贸易的发展和各民族文化的交流，古城逐渐成为商业重地，并修建了城隍庙、金佛寺、火祖阁、玉皇庙、关帝庙、清真寺等代表不同民族信仰的寺庙。这些建筑气派宏伟，布局严谨，不仅彰显出无穷的神秘魅力，同时也把以儒、道为核心的汉文化，以藏传佛教为核心的藏文化和以伊斯兰教为核心的回族文化展现得淋漓尽致。

丹噶尔古城

攻略

古建筑：对历史感兴趣的游客可以去看看古城的文庙，这是至今青海省保存最完整的一座孔子庙，庭院不算大，透着江南园林式的建筑风格；在古城内现今还残留着几截古城墙，可以感受下丹噶尔古城的沧桑巨变。

购物：湟源的排灯素有“青海民族民间文化之灵和艺术宝库中的珍品”之誉，古城内很多店可以看到。另外，湟源陈醋的生产历史很悠久，是青海的名特产之一，主要原料是青藏高原独有的青稞、麸皮，喜欢的话，可以在古城的老醋店买到。

链接 昌耀诗歌馆

在丹噶尔古城有一处近几年新建的昌耀诗歌馆，院内有昌耀半身塑像，回廊墙壁悬挂昌耀诗词及名家书画，馆厅内重点介绍昌耀先生生平，里面陈设有诗人生前的一些诗词手稿、书籍信件和一些生活用品，对诗歌感兴趣的朋友不妨去看看。

3 赞普林卡

赞普林卡是吐谷浑首领诺葛钵和唐弘化公主为迎接文成公主进藏专门修建的行宫，规模宏大、富丽堂皇。不仅是世界上唯一的一座藏王园林，同时也是目前青藏高原唯一一座集藏传佛教八大教派为一体的藏王寺院。整座寺庙可以看作是高原几千年历史的缩影、藏民族文化的博物馆，是汉藏两族团结的历史见证，堪称夏都圣地。

寺庙分为前后两院，前院是佛殿，主殿为 5 层楼藏式建筑，塑有现今世界上最大的藏王松赞干布和王妃文成公主、尺尊公主的佛像，还有藏传佛教八大教派创始人的塑像，藏传佛教五大护法、四大天王等 100 多尊佛像。另外，大殿内绘有的 127 幅壁画和唐卡，反映了从青藏高原起源、吐蕃王朝建立、文成公主进藏到汉藏文化的传播以及藏族同胞集聚区的发展，极具历史文化研究价值。

点赞 楠楠难　去青海湖的旅游团中途安排的景点，建筑风格很特别，里面还有导游讲解。听完讲解就可以出来了，算卦抽签不去也行。

攻略

赏美景：赞普林卡门前有一个石刻公园，一年中大多数时间都是鲜花绚烂，是游客赏景休闲的好去处。

请导游：在赞普林卡旅游建议请个导游做讲解，会知道很多有趣的故事。

解说

松赞干布和文成公主的千年玉佛像是世界上独一无二的，玉佛像内还分别装有一尊和田玉制作的小佛像，而小佛像里面也有装藏物，有专家预测是舍利子，但因种种原因不能打开，因而这两尊大佛又蒙上了一层神秘面纱。

攻略

住宿 驴友力荐的住宿地

湟源县内有包括酒店、宾馆在内的各种住宿地，普通宾馆的价格在人均100～200元，条件一般，但可满足普通旅行者。

湟源顺合大酒店位于109、305国道沿线，靠近丹噶尔古城、日月山、青海湖，地段优雅、交通方便，是一家集餐饮、住宿、停车为一体的星级酒店。电话0971-4040388 。

丹噶尔青稞酒大酒店：酒店地理位置好，下高速就到了，停车方便，门口打车也非常方便，客房卫生干净，卫生间干湿分离，有热水，Wi-Fi不错，吃饭方便，楼下餐厅菜做得不错，分量足。电话0971-2432999 。

泰和宾馆：位于建设东路，靠近县汽车站对面，宾馆距离著名景点丹葛尔古城步行只需10分钟，交通便捷。电话：0971-2434238。

美食 饕餮一族新发现

湟源“搅团”：“搅团”是当地农村贫苦人家的吃食。以前是出门在外的脚夫、驼队为了方便，把“搅团”直接扣在干净的石板上，稍凉凝固就可以拿在手里吃。如今，“搅团”在城镇人生活中已成为改换口味、调剂饮食的一种小吃，具有祛暑败火、清理肠胃的功能。

湟源甜醅：用青藏高原耐寒早熟的粮食之一青稞加工而成的一种风味小吃，当地人有句顺口溜为“甜醅甜，老人娃娃口水咽，一碗两碗能开胃，三碗四碗顶顿饭”。甜醅选料精细，青稞粒粒饱满，脱皮洁净，蒸煮适度，酒曲配料适中，掌握温度准确，粒粒白嫩，食如果肉，具有醇香、清凉、甘甜的特点。

湟源酿皮：湟源有名的地方风味传统小吃，以面糊蒸煮而成；吃时切成长条，缀以面筋数片，浇拌上调料，非常美味；绵软润滑的酿皮，加上酸辣可口的调料，是难得的开胃美食了。

行程推荐 智慧旅行赛导游

湟源经典一日游路线：途经湟源峡谷，短暂停留后登素有“丹邑明珠”“山极仙境”之称的北极山，之后到丹噶尔古城游览，中餐后游览文成公主进藏的第一个大本营——赞普林卡，接着到黄土高原与青藏高原的地理分界岭——日月山，然后返回西宁湟源峡。

门源百里油菜花海

七月青海一半花海

微印象

@柔柔熊 一直听说油菜花很美，只是没有时间去婺源，想不到在中国北方也有这么一处油菜花海，绵延数十千米，真是人间天堂。

@土豆西红柿 门源的路上，随处可见一片一片的金黄。在雪山下，在蓝天白云下，怒放的油菜花，只有见到你才知道有多壮美！

门票和开放时间

门票：免费，进入园山顶观花台是收费的，可以观赏百里花海全景。

开放时间：全天开放，每年6月底—8月初油菜花开。

最佳旅游时间

到门源旅游以7月最佳，此时门源进入鲜花盛开的季节。在浩门河两岸的泉池小溪边，水晶晶花、马莲花会遍地开放。当然最出名的还要数满地金黄的油菜花，最佳花期是7月10日—20日。

进入景区交通

位置：青海省门源县浩门镇。

交通：

1.中巴：在西宁新宁汽车站，每天发往门源县班车有十几班，全程3小时左右，票价约40元/人，到青石嘴镇也是坐这趟车，途中提前下车即可。

2.包车：西宁-青石嘴镇往返一天500元左右，若在青石嘴镇包车游玩200~300元/辆，包含4~5个景点。

3.自驾车：自驾者可从各个方向（大通、祁连、张掖）进入门源探访油菜花海，每条路都称得上是景观公路。

景点星级

美丽★★★★★　浪漫★★★★★　特色★★★★　休闲★★★★　人文★★★　刺激★★

门源县的土系多为黑钙土，土地深厚、土壤肥沃，特别适合小油菜的生长，素有“门源油满街流”的说法。因而在门源县、祁连山与大坂山之间的盆地处就种植着中国北方最大的小油菜基地——百里油菜花海。其种植范围西起浩门河畔的青石嘴，东到大通河畔的玉隆滩，北到与甘肃省交界的冷龙岭，南至高峻的大坂山，绵延数十千米，成为一道美丽且蔚为壮观的人造景观。

每年7月，浩门川就成为了花的海洋。站在河岸上向两边看，无边无际的金黄开在浩门河两边，如同两道镶了金边的银丝带般蜿蜒飘舞，与祁连山遥遥相望。此时，别具特色的高原田园风光，在蓝天白云的衬托下，会给人更丰富的遐想。

攻略

每年7月—8月上旬，门源百里油菜花海除了会举办一年一度的油菜花节外，还会有国际环青海湖自行车赛(门源段)和各种文体活动、大型物资交流会，非常热闹。

1 青石嘴元山观花台

元山观花台位于门源县青石嘴镇东北约两千米处，是观赏百里油菜花海的最佳地点，也是每个来门源观花海的游客必到之地。这里是河谷平原当中隆起的一座圆形小山丘，四周都是平坦田野，远远望去，它如同一颗镶嵌在花海中的明珠，照耀着花海。登上观花台，仿佛置身在花海中的战舰，可将从祁连山冷龙岭与大坂山之间大通河谷平原的花海尽收眼底，尤其是依照字形设计的大地艺术会让你忍不住赞叹。

小贴士

1.元山观花台虽然不是太高，但由于这里地处高原，海拔在2900米，爬上去还是需要费些力气。若是雨后前来，记得带件外套，山上风大，可能会有些冷。

2.西宁每天有很多趟直达门源的班车，但建议乘坐西宁到青石嘴的班车，因为这里才是门源油菜花最壮观的地方，然后可以在青石嘴租车或步行前往门源县城，一路上都是油菜花，被称为是中国最美的一条观光大道。

攻略

油菜花最佳观赏点除了青石嘴元山观花台外还有两处：1.县水泥厂的南山坡可以观赏门源浩门川油菜花全景和常年积雪不化的冷龙岭雪峰，但需爬40分钟的山；2.从门源县城向北山的方向走，沿田间道路两侧有无边的油菜花，这是一个低视角观赏油菜花海的地方。

2 达坂山

达坂山地处大通与门源两县的交界处，是青海通往甘肃的交通要道。达坂是山口的意思，路上有很多 4 到 5 个观景平台，在观景平台可以俯瞰门源的油菜花海和雪山。

夏天的大坂山经常是云雾弥漫，这与它的地理位置有密切的关系，云雾一时散开一时聚拢，随风摇曳，变换无穷。当到了油菜花盛开的季节时，来这里看漫山遍野的油菜花也是一个不错的选择。

3 皇城草原

用当地裕固族人的话来说，皇城草原又叫夏日塔拉草原，意即“金色草原”。它大部分位于甘肃省肃南县城东南的皇城镇，门源县有少量，北接永昌县、武威市，东连天祝县，西靠山丹军马场，是甘肃省草质最好的草原，被《中国国家地理》杂志评为“全国最美的六大草原”之一。由当地人的称呼来看，草原秀美壮阔的景色也可见一斑。

皇城草原最迷人的时候当属夏季，那时整个草原金黄一片，抬眼望去，天是碧蓝的，云是纯白的，远处祁连雪峰高傲挺立在蓝天大地之间，而盛装的裕固族牧民就以这壮美的画卷为舞台唱着、跳着，尽情地挥洒着欢乐。

小贴士

对历史古迹有研究的游客可以去皇城草原上看看皇城故址，就在皇城河东边的草滩上。它原是元朝永昌王宫殿，现遗址仅存南北二城，其中南城小而巍峨，北城较大但坍塌较严重。

点赞 云嘟嘟　这里的油菜花与江西罗平多丘陵所勾画出的画面有所不同，完全表现出了北方地区油菜花在蓝天、白云和雪山下铺天盖地的霸气。

4 花海芬芳浴景区

花海芬芳浴景区位于门源县苏吉滩乡苏吉湾村花海与草海的交界处，距县城 18 千米，是一处集花海沐浴、休闲娱乐、餐饮为一体的多元素旅游功能景区。这里有大片的油菜花海，有雪山草原，有观光栈道，也有民俗表演广场，是门源一处具有一定影响力的王牌旅游景点。每到油菜花盛开时节，络绎不绝的游人来此，沐浴在成片花海的芬芳中，或静静地品茶、看书，或晒太阳、发呆，很是惬意。如果喜欢甜食，还可来杯蜂蜜水，绝对是人间最美的享受。

点赞 我非我　终于知道什么叫“汪洋花海”了，非常惊艳。和几个朋友在这里坐着，简直达到了忘我的境界。

油菜花的金黄与青稞的碧绿交织在一起层次分明，配以绵延不尽的青山和粉色屋顶的村庄，让人不禁有恍然于世外之感。

5 岗什卡雪峰

岗什卡雪峰位于门源境内，海拔 5254.5 米，峰顶常年白雪皑皑，银光熠熠，宛如一条玉龙，也是门源境内群山之首。平时远眺，一片洁白，每当夕阳西下，晚霞辉映，山顶五彩缤纷，暮霭升腾，被称为“龙峰夕照”，是门源八大景之一。岗什卡雪峰海拔不高，是旅游爱好者登山探险的理想场所，也可作为登山、山地纵走的训练基地。

6 仙米林场

仙米林场又称仙米国家森林公园，是青海省面积最大的林区，覆盖了门源县东川、仙米、珠固三个镇。它地处祁连的冷龙岭和达坂山两大山系的会合处，由高山、峡谷、奇峰、悬崖和溶洞构成了复杂的地貌群，造就了雾山、奇峰、悬崖、峡谷和溶洞等奇特的自然景观。其中，最出名的是深邃幽险的仙米峡谷，该峡谷沟壑纵横、地形险要，形成了一道道雄奇峻美的风景线，是避暑旅游的理想之地。

攻略

住宿 驴友力荐的住宿地

门源县城有很多住宿的地方，但是在油菜花节期间会比较贵，一般标准间在300元左右。推荐门源县的浩云宾馆（0970-8628888）和裕华宾馆（0970-8610288），位于门源十字路口拐角处，很容易就可以找到。另外车站附近还有一些小旅馆，价格实惠。

门源旭红宾馆：服务质量好，早餐营养丰富，网络信号好、网速快，安静、干净、舒适。电话0970-8611618。

天一饭店：位于浩门镇东大街，酒店干净整洁，整体布局合理，设施完善。有免费停车场。电话0970-5969999。

美食 饕餮一族新发现

门源以回族居多，因而这里的餐饮多是清真食品，不过，门源也有川菜酒楼，以及小火锅，可以满足不同游客的口味需求。

浩云饭店：在门源县西大街22号，是当地一家比较出名的清真饭店，菜做得很地道，服务态度也不错，最重要的是这里的菜品沿袭了西北菜的最大特色——分量很足。电话：0970-8628888。

清香食府：位于青石嘴镇清浩路1号，是青石嘴的十年老店，有门源特色风情餐，也兼顾各地游客的品位，菜品丰富。电话：0970-8616398。

摄影 捕风捉影拍好片

拍摄时机：要拍摄油菜花，最佳时间是细雨初停时，那时挂着水珠的油菜花，色彩会更加鲜艳明润。

拍摄角度：因为油菜花都是很矮的一丛丛花，所以在花海拍照，坐下或躺下拍出的效果会很好。若是拍婚纱照的话，可以将白色婚纱铺散在花丛中，很能衬托出女性的妩媚气质。

穿衣搭配：在油菜花田拍照最大的优势就是无论穿什么衣服都很上镜，尤其是白色衣服，在金黄色的背景下会显得格外醒目，也会更衬出人的肤色。若是条件允许，可以在花海中骑自行车拍摄，效果很好。另外，拍照时最好选择几套比较有动感的衣服，这样更容易与周围环境搭配。

祁连山草原风光区

中国最美六大草原之一

微印象

@颓圮的华年 祁连仙境美不胜收，变幻的光影会让摄影爱好者痴迷。夏季野花开到天边，蔓延到云脚，兔、鼠立在鲜花装点的洞口东张西望，四处生机勃勃。

@美丽琪琪 高山草原会给你一种什么感觉？天是蓝的，草是绿的，你会觉得世界原来色彩可以这么纯净干脆。祁连山草原就是这样！

门票和开放时间

门票：免费。

开放时间：全天开放。

最佳旅游时间

祁连山的四季变化不明显，“祁连六月雪”就是祁连山气候和自然景观的写照。这里旅游的时间以7月和8月最佳，那时山上到处开满鲜花，天蓝草丰，山雾缭绕，牛羊成群，如入仙境。

进入景区交通

位置：青海省海北藏族自治州祁连县祁连山冷龙岭北麓。

交通：

1.长途汽车：西宁客运中心每天有6趟车前往祁连县汽车站，约5个半小时的车程，票价66元，但是山路不太好走。

2.包车：从西宁包车到祁连县，约500元。

3.自驾车：从酒泉—张掖—肃南裕固族自治县—民乐—西宁—西海镇等地通往祁连的三级公路。

景点星级

美丽★★★★★　浪漫★★★★★　休闲★★★★　特色★★★★　人文★★★★　刺激★★

祁连山草原风光区坐落在祁连山山麓，跟随大山绵延在青海省和甘肃省的边界上。这里景色宜人，原始森林遍布全境，包括卓尔山景区、阿咪东索景区、祁连鹿场景区、祁连山草原景区和阿柔大寺、拉洞峡6个子景区。

在祁连山草原，雪山、森林、草原、丹霞、峡谷、河流得到了完美结合，形成了白雪皑皑、草原莽莽、森林浓密、河流潺潺的壮美景观，被誉为“中国最美丽的六大草原之一”。除了秀美的草原风光外，祁连山草原的诱惑，还来自于当地牧民那淳朴的民风。来这里之后，你会看到草地上自娱自乐的妇女们，她们会热情地邀请游人参加歌会，甚至更热情的牧民还会让你分享他们的零食。

小贴士

1.推荐金秋时节来祁连山，那时山顶覆盖着白雪，天空湛蓝清澈，金色的草原上星星点点地散落着牛羊，整个山体会有“山舞银蛇”的味道，绝对让你惊艳。

2.祁连山草原有2000多年的悠久历史了，这里有很多好玩的地方，比如今世界第二、亚洲第一的马场——山丹军马场，亚洲最大的半野生鹿驯养基地，油葫芦自然保护区等。

攻略

骑马、喝酸奶：祁连草原上有几家当地牧民开的跑马场，俄堡和阿柔、默勒三乡镇各有一处，跑马场不但可以骑马，而且牧民家还有正宗青海老酸奶可以喝。这种酸奶又稠又香，青海人都很难喝到，所以有幸遇上，千万别错过。

解说

祁连山的平均山脉海拔在4000～5000米，因而高山积雪形成了绵长又宽阔的冰川地貌奇观。祁连山的雪线位于海拔4000米的地方，雪线以上气温很低，常年积雪，不会有植物存活，但是在祁连山雪线之上却常常会有逆反的生物奇观出现。这里的浅雪山层中，有名为雪山草甸植物的蘑菇状蚕缀，还有珍贵的药材——高山雪莲，以及一种生长在风蚀的岩石下的雪山草，这三种植物并称祁连山雪线上的“岁寒三友”。

1 峨堡古城

峨堡古城是西宁、门源、祁连至张掖的交通要道，也是祁连至门源、西宁必经之地，自古为兵家必争的军事要塞。据《西宁府新志》记载：“此城在卫治西北，永安城西一百四十里。今遗垣尚存……且可遥制赤金之来路，诚为联络四郡之要冲也。”

现今，这里成为祁连县峨堡镇政府的所在地。当年的那条古道已成为连接青、甘、新三省区的国道，宽阔的柏油路上南来北往的汽车奔驰而过，不远处那座依山而建的古城堡，以及城内城隍庙、城外点兵台、烽燧等遗址至今依稀可见。

点赞 岁金铺　和朋友站在城墙上向东南远眺，峨堡滩在阳光下更显水美草鲜，牧民们赶着牛羊在悠闲地放牧，很是静谧，人心相当平静。

2 阿柔大寺

阿柔大寺也称为“阿力克大寺”，藏语法名“尕日登群派林”，意为“阿柔具喜宏法洲”，是目前祁连地区规模最大、最有影响力的格鲁派寺院，也是最大的藏传佛教活动场所。寺院建于清朝顺治年间，是为应经进京途中路经青海的五世达赖而建。

寺庙坐北朝南，前临八宝河，后靠贡白家隆山，由护法神殿、八宝如意塔、大经堂、住寺活佛府邸、僧舍等建筑组成。整个建筑错落有致，古朴典雅，不仅在祁连藏传佛教寺院或信教群众中享有盛名，在海北地区中也颇具影响。

攻略

逛活动：阿柔大寺每年都有大型活动供游客参观或信徒来访，如正月的祈愿法会、四月的守斋戒会、六月的供养会和住夏活动、十月的甘丹五供节以及显宗学院的四季学经期会和修供大威德金刚、马首金刚的仪轨等。

3 阿咪东索景区

阿咪东索是藏语，意为“众山之神”“镇山之山”，中文名称是牛心山。它被称为祁连的象征，地势平坦开阔，山势巍峨高耸，自西汉元狩二年（公元前 121 年）起即是养马屯兵的要地，如今更是游客来祁连县的必游之地。

对游客来讲，牛心山最吸引人的莫过于它能尽览四季风景：山头底部是春意盎然的高原河谷农家景象，有翻滚的麦浪和飘香的油菜花；向上是绿草如茵的优良牧场，人称“祁连山下好牧场”，夏意融融；中部广阔区域灌木丛生，是秋意浓浓的林海风光；再向上则从稀树被逐渐过渡到石山，峰顶常年不化的积雪昭示着凛凛冬景。

攻略

1.阿咪东索景区深入就是小东索和祁连石林。其中的小东索平时是当地人夏季野炊的好去处，茂密的草原和山底下涓涓不息的小溪使这里成为了一处世外桃源。如果时间充足的话，不妨去看看。

2.近年来随着祁连知名度越来越大，来攀登阿咪东索山的登山爱好者越来越多，但是在没有足够的安全准备前，千万别擅自攀登。

故事　祁连山的传说

相传在远古时期，祁连并非像今天这样物华天宝、资源丰富，而是妖魔称雄，汪洋一片。格萨尔王得知此情后，从西藏派了四个山神前来降妖除魔。当时山神来到祁连山塌窝处伏兵千名，结果一举获胜，阿咪东索之名也就由此而来。之后四位山神留在祁连，散播金银、繁衍牲畜，不久这里就成了“金银铜铁遍地、珍禽异兽成群、蘑菇大黄满山”的祁连山。

每年七八月间，与草原相连的祁连山依旧银装素裹，而草原上却碧波万顷，牛羊群点缀其中，美醉了游人。

4 卓尔山

卓尔山属丹霞地貌，由红色砂岩、砾岩组成。其藏语名字——宗姆玛釉玛，意为“红润皇后”，即由此得来。它是我国西部最美的观景台之一，也是众多旅客祁连之旅必登的胜境。

站在卓尔山山顶，隔河相对的是一山尽览四季景色的阿咪东索山，左右两侧分别是拉洞峡和白杨沟风景区，对面是连绵起伏的祁连山，山脚下是水流滔滔的八宝河，一缕缕青云缠绕脚底，挺拔苍翠的青海松柏点缀其中，仿佛走在天境之上。冬季时，大雪覆盖卓尔山山顶，与对面雪山遥遥相望，若是此时前来，你会误以为进入了一个美丽的童话世界。

攻略

在距离卓尔山不远的冰沟村有一处上台山坡，这里的油菜花以地形的精美来展现油菜花海的壮丽，是拍摄油菜花和青稞麦田的好地方。若是在祁连时间充足，尽量深入农村的田间地头看看，会发现一些景区看不到的真正美景。

故事 卓尔山与阿咪东索山的传说

传说，宗姆玛釉玛是龙界的公主。她在一次偶然的邂逅中，深深爱上了守护祁连的山神——英武不凡的阿咪东索。后来，她甘愿冒犯天规，冲破重重阻碍想要嫁给他。龙王夫妇虽然坚决反对他们的婚事，但却无法改变女儿的决定，最后只能让她留在人间。当然，这样的选择也让宗姆玛釉玛付出了代价，她变成了一座石山。不过，她的恋人就在她的对面，与她终身相伴，共同守护着祁连的秀美山川。

5 黑河大峡谷

黑河是中国第二大内陆河，流经青海、甘肃、内蒙古三省区，被誉为“河西走廊的母亲”。神秘的黑河大峡谷就是黑河拦腰截断祁连山峰形成的。

黑河大峡谷可谓是一处难得的人间仙境。它峭壁裸露，河水湍急，坡缓滩阔，别有洞天；它气候变化多端，可能刚听雷鸣响过银峰，又会见到艳阳照着清泉；它动植物资源丰富，既有奇花异草密布，还有珍禽异兽出现……不过，因为这里周围是一片广阔的无人区，挑战难度比较大，真正来此的户外爱好者并不多。

小贴士

1.由于黑河大峡谷景区目前开发尚不完全，喜欢探险的游客在出发之前，一定要做好充足的安全准备。

2.在峡谷内有一座藏传佛教寺院——夹道寺，这是去往黑河大峡谷的必经之路，信仰佛教的旅客不妨去看看。

6 祁连鹿场

祁连县有许多养鹿场，其中最出名的当属八宝镇以西 30 多千米处油葫芦草原的祁连鹿场。它是亚洲规模最大的养鹿场，前临黑河，背依托勒南山，西接绿草如茵、山峰叠嶂的野牛沟乡，东临松柏成荫、人口稠密的扎麻什乡。

这里群山环抱，地势开阔，特有的高原植被高杉柳、金鹿梅、沙棘广布期间，点缀着山间的花草树木，不仅是鹿群生活的绝佳之地，也是游山玩水的最佳去处。1958 年，鹿场初建时，只有当地的马鹿和白唇鹿，后来又从东北引进了梅花鹿，到目前为止，已经有 1500 只长颈鹿在此居住。游客可以在鹿场和已经被驯化的鹿合影，也可以在景区商店购买到正宗而不贵的鹿茸片、鹿血酒等滋补品。

攻略

住宿 驴友力荐的住宿地

随着近几年祁连旅游热潮的兴起，祁连县建起了不少酒店宾馆，无论是星级酒店还是农家乐、家庭旅馆，不仅数量较多、设施齐全，而且都很干净。若是在祁连山区旅行，基本上只有在县政府驻地才能有舒服的住宿处。

祁连客栈：在祁连县城八宝西路415号，是去卓尔山景区的必经之路。客栈种植了近700盆各类花卉，整个走廊和大厅都弥漫着花香。小店门口有很多餐馆，包括当地特色菜和川菜馆，就餐很方便。电话：0970–8672003。

鑫运宾馆：位于祁连县交警队对面，靠近冰沟河畔，距离卓尔山景区、阿咪东索景区都不远。宾馆房型选择多样，还有免费的旅游咨询服务。电话：18097106180。

美食 饕餮一族新发现

祁连的美食很多，峨堡的黄蘑菇、野牛沟的藏系羊、央隆的酥油等都是知名的代表。想要体验祁连的美味，林场、拉洞台、冰沟、东索台、白杨沟等地的农家院是必去之地。

尕面片：又叫面片子，是祁连人最普通、独特和喜爱的家常面食。将揉好的软面切成细条，放入面盆里用潮布盖上片刻，之后拿在手里捏扁、揪断，每个大约手指宽，投入沸水中，煮熟即可食用。

拉条：也叫拉面、臊子面，是祁连县的一种传统地方风味美食。拉条的口感筋道爽滑，一般拉条有扁形的“韭叶”和圆形的“二细”两种。

焜锅：这是祁连县的俗名，也叫锅盔，在金属中烤制的面饼，也是青海馍馍里最大的，色彩艳丽，配奶茶食用。

购物 又玩又买嗨翻天

祁连县当地著名的特产有黄蘑菇、祁连玉、冬虫夏草、鹿产品、人参果(蕨麻)等，其中野生黄蘑菇非常有名，是世界稀有珍品，营养丰富、味道鲜美，含丰富的蛋白质、矿物质、氨基酸和多种维生素。推荐购物点是祁连县城八一路36号的高原食材小店。这是青海第一家专注高原食材的小品牌，可以买到正宗的祁连特产。

特别提示

❶ 祁连地区平均海拔2500～3500米，县城海拔2700米，除个别游客外，基本不会有高原反应。产生高原反应时，千万别紧张，放松心态、注意防寒保暖，正常情况下两天左右就会消失。

❷ 在景区尤其是拍摄寺庙、当地人或经堂时，一定要事先征得对方或管理人员同意。

❸ 在农田拍摄油菜花、草地时，记得别擅自进入，以免破坏庄稼。若是实在想进去，可以顺着田地的田埂走。

❹ 祁连地区紫外线很强，无论哪个季节来，最好带着防晒霜、帽子、润唇膏和太阳镜，如果有一条多用头巾也会很实用。另外，祁连地区天气忽冷忽热，早晚温差较大，带着冲锋衣也很必要。

❺ 坐祁连到西宁，或西宁到祁连的长途汽车，尽量少喝水，因为沿途除了能在青石嘴上公共厕所外，其他地方都是草原，很不方便。

第2章 西宁东部

瞿昙寺

互助土族故土园

循化撒拉族绿色家园

坎布拉

同仁古城

贵德国家地质公园

贵德古城

青海深度游 Follow Me 慢旅行的倡导者

瞿昙寺

高原上的小故宫

微印象

@水嫩当 瞿昙寺外观很普通，看起来没什么特色，走进去才知道它的独特之处。寺庙的壁画很漂亮，不过因为对佛教知识了解不多，不太能看懂。

@榴莲君 号称是“高原小故宫”的瞿昙寺，跟北京故宫的太和殿布局类似，当地人说“到了瞿昙寺，北京再别去”，听上去有些夸张，但去过之后确实不虚此行。

门票和开放时间

门票：50元。

开放时间：8:00~17:00。

进入景区交通

位置：海东市乐都区境内距县城25千米的瞿昙（曲坛）乡。

交通：

1.长途客车：西宁汽车站(火车站对面)乘到乐都的长途客车，路程80公里左右，票价10元左右，每20分钟左右一班。

2.班车：乐都到瞿昙寺有班车，车程30分钟，单程5元。

3.中巴车：在西宁火车站有开往瞿昙寺的中巴旅游车，每人20元。

4.包车：在西宁火车站附近有私人开的“小面”，25~30元，可以砍价，两三个人合租很合算。

5.自驾车：从乐都区政府所在地的碾伯镇，沿国道向东走一段，然后向南拐上省级公路，约21千米至乐都县瞿坛乡马圈沟口即到。

景点星级

休闲★★★★　特色★★★★　美丽★★★　人文★★★　浪漫★★　刺激★

瞿昙寺坐落在乐都区曲坛乡一座略成正方形的城堡内，由前、中、后三进院落组成，是中国西北地区保存最完整的一组明代建筑群。

瞿昙寺的汉式建筑风格十分典型，在类型众多的藏传佛教寺院中独树一帜，实际也是清代北京和承德等地大量兴建的汉式藏传佛教寺院的先声。它总体结构布局同北京故宫雷同，因而又有“高原上的小故宫”之誉。

解说

瞿昙寺在明代时是西北地区地位相当显赫的寺庙。明朝13代皇帝中就有7位皇帝先后为这座寺庙下达敕谕7道，诰命2道，颁给金、银、象牙图章及封西天佛子大国师等。

自明永乐时期，瞿昙寺先后修建了规模宏大的店宇佛堂4座，下院1处，钟鼓楼房4幢，厢廊72间，碑亭两座，另有禅房、僧舍以及寺主庭院等，立御制碑刻5通，赐瓶炉香案，钟鼎磬鼓、佛像、袈裟等多件。

此外，明王朝还多次派人到瞿昙寺视察，赐给该寺山场、园林、田地，使其领属13寺，管辖7条沟，还调拨52员旗军护寺。

1 金刚殿

金刚殿是前院通向中院的必经之道。大殿宽三间，深两架，面积为160平方米，为五檩小式大木结构，单檐悬山顶，前后开有欢门、欢窗，内塑四大金刚佛像。

2 瞿昙殿

瞿昙殿是瞿昙寺中最早建造的佛殿，居中院正中，宽5间，深4架，建成于明洪武二十四年(1391年)。其平面布局独特，前檐设很深的抱夏三间，左、右、后三面砌厚墙，外墙里面又砌夹墙一周，构成一圈暗廊，是藏传佛寺中常见的格局。殿内和抱厦墙面，绘有大量明、清时代的佛像。朱元璋敕赐的“瞿昙寺”匾，悬挂在正间。

解说

瞿昙殿建筑为设置礼佛道的早期样式，西北地区很多明代前期寺院的形制及壁画内容都仿照瞿昙殿。其双五部图像对置及与善财童子五十三参图相结合的图像程序，可以追溯到元大都的皇家寺院，显示出汉藏文化交融中华严宗发挥了特殊影响。

3 如意佛塔

瞿昙寺院内的四座如意佛塔，与西藏的第一座寺院桑耶寺的相同，都是藏式传统形制。它们不仅年代久远，而且包罗万象，可看出官式建筑与地方手法的交相辉映，具有极高的历史文物价值和建筑艺术价值。古建筑专家罗哲文先生，曾将这四座如意佛塔誉为“国宝中之国宝”。

攻略

赏文物：对文物有兴趣的游客，可以去看看其中最引人注目的“象背云鼓”。这是一只石雕卧象，背上托起木雕的叠云，叠云架起一面真鼓，石象回首顾盼、鼻卷莲花，很是栩栩如生。

花儿会：瞿昙寺每年农历六月会举行盛大的花儿会活动，参加者主要以乐都南山的藏、汉两个民族的群众为主，一般举行三天，从六月十四开始，十五日进入高潮，在十六日傍晚接近尾声。如果正巧这时来瞿昙寺，一定要感受下。

瞿昙寺示意图

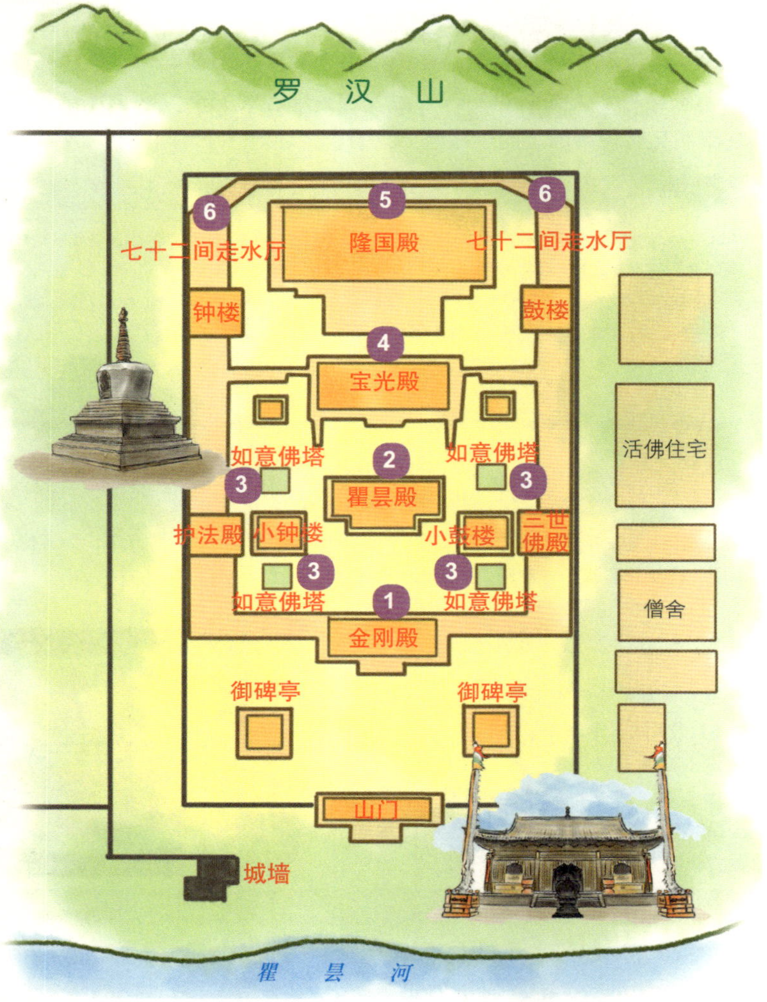

4 宝光殿

宝光殿坐落在中院后方，宽5间，深5架，平面近似正方形，面积约500平方米。建筑为重檐歇山式，高12米，左、右、后三面砌有砖墙，四面设明廊，柱间置护栏，前檐设月台一方，两侧建八字砖墙，殿为小式大木结构，前檐明次间装有5抹隔扇。殿内墙面遍绘大幅佛像图，画面构图新颖，色泽艳丽，是不可多得的艺术珍品。

5 隆国殿

屹立在全寺最高处台阶上的隆国殿，居于寺院最后，也是瞿昙寺最富丽堂皇的宫殿。隆国殿为重檐庑殿顶，大殿雄峙于3.2米的花岗岩台基上，前面是束腰式月台，左右设踏垛九级，四周为玉石栏杆。大殿四面设明廊，两山和后檐砌砖墙，前檐的明间和两次装四抹隔扇，形制与北京十三陵长陵棱恩殿外檐装修如出一辙。这是古代建筑家巧妙利用地形建筑的宫殿，最完整地体现了明代建筑风格，具有很高的建筑艺术水平。

故事　瞿昙寺的传说

瞿昙寺早先是人称三罗喇嘛的游历僧人修建的小佛堂。据说，当年三罗喇嘛来到此地后，看到身后松柏参天的罗汉山，门前杨柳荫浓的瞿昙河，他很惊诧在一片荒野中竟然还有如此灵地存在，于是停杖休息，并高诵佛号。临行时，他忘了携带禅杖，回身去取，结果看到禅杖已长成寺前高大的珍珠树，所以后来他也就在这里扎下根来。

6 七十二间走水厅

在隆国殿两侧的长廊，当地人称为“七十二间走水厅”。这是尽览瞿昙寺精美壁画的最佳之地。长廊分南北两廊，南廊中的明代壁画从左到右描绘着佛祖释迦牟尼自降生到涅槃的全部经历，大都出自宫廷画工之手；而北廊中的清代壁画色彩更为艳丽，是民间画工的杰作。这些壁画的珍贵程度已达国宝级别，有学者称“它使中国西部壁画艺术有了一个比较完整的时代阶梯，可谓‘前有敦煌，后有瞿昙’”。

攻略

住宿　驴友力荐的住宿地

瞿昙寺在瞿昙乡，距离乐都区有些距离，因为比较偏僻，这里并没有宾馆和招待所等住宿地。需要住宿的游客只能到乐都区去住，进入碾伯镇主干道上有不少招待所可以投宿。

海东国际酒店：酒店离机场很近，酒店有免费的接送机。房间很大，干净舒适，房间里很暖和，设施很新。电话0972-8672999。

海东祥泰商务宾馆：位于乐都区中心，交通便利，楼下有美食城、电影院等。环境优雅，装潢考究，设有停车场，提供早餐。 电话0972-8261999。

美食　饕餮一族新发现

在乐都县有很多小吃，如白水羊头、爆炒羊排和各种面食等。推荐在县城中心关帝牌楼附近的小吃广场，可以尝到不少当地特色美食。另外，若是夏季来到乐都县，一定不要错过特别好吃的西瓜。

特别提示

❶ 在寺院参观要入乡随俗，遵守寺院教规，不能用手摸佛经、佛像、法器等，更不能跨越；不要乱摸藏族人的头和帽子。

❷ 在瞿昙寺拍摄人物，尤其是僧侣、妇女，取景前一定要征得对方同意，以免造成不必要的麻烦。

❸ 多数寺院的殿堂内部采光条件不佳，甚至一片漆黑，影响测距对焦，即使掌握超焦技术的运用，仍建议再准备一把手电筒。另外，高指数的闪光灯是必需的，傻瓜相机的闪光灯，往往给人留下的只是遗憾。

互助 土族故土园

彩虹故乡

微印象

@莱不息 互助土族故土园景色不错，少数民族的地方还是值得去的，那种古典质朴的风俗会令人心神开朗。

@费成思 去过很多地方，见过很多少数民族同胞，但是土族却是唯一一次，这里的服饰、习俗，每一样都让人心动。

门票和开放时间

门票：互助土族故土园120元，北山国家森林公园50元。

开放时间：互助土族故土园8:30~18:00，北山国家森林公园9:00~17:00。

最佳旅游时间

游览少数民族景区，最好的时间一定是当地有活动之时。每年农历二月初二、五月初五、六月初六、九月初九等节日期间，互助土族故土园都会有丰富的特色活动，如“擂台会”“花儿会”庙会等，可以让你感受当地少数民族的风土民情。

进入景区交通

位置：海东市互助土族自治县威远镇。

交通：

1.中巴车：西宁新宁路汽车站有多趟开往互助汽车站的中巴，到了县城后可直接坐出租车到达景区。

2.包车：在西宁包车往返五峰山、佑宁寺约150元/车，往返北山森林公园每天每辆500~600元。

景点星级

特色★★★★ 人文★★★★ 休闲★★★ 美丽★★★ 浪漫★★ 刺激★

土族是居于青海的古老少数民族之一，土族人能歌善舞、热情淳朴，土族文化绚烂丰富，别具特色。互助土族故土园因独特的土族人文景观及亮丽自然风光而知名。原始纯朴的自然风光、独特的生态环境、古老神秘的文化遗址及浓厚的土族民族风情为景区四大特色。

1 互助土族故土园接待点

互助土族故土园接待点主要集中在互助县威远镇，有“纳顿庄园”“彩虹部落”西部土族民俗文化村等接待点。

接待点经常举办的各种民俗活动，如“二月二擂台会”“六月六花儿会”“丹麻会”等则使其散发特殊民族文化魅力。游客可在这里欣赏民族歌舞，轮子秋等节目，或品尝土族特色没事，参观民俗用品展览等。

互助旅游交通示意图

攻略

1.购物：互助土族故土园景区内有一处目前国内最大的青稞酒生产基地，至今已有300多年的酿酒历史。这里生产的“互助牌”青稞酒有三大系列30多个品种，若是有爱喝酒的长辈或朋友，可以带几瓶回去。

2.逛活动：接待点目前已开辟出土族服饰、土族刺绣、“安召舞”、“轮子秋”、土族花儿、土族婚俗、青稞酒文化等项目，供游客体验少数民族风情。

2 五峰山

五峰山位于互助土族自治县西北部，是互助土族自治县著名的风情区，因山峰形状与人的五指相似而得名，为古湟中八景之一。山上有一座建于明清时期的五峰寺，依山傍水，风景秀丽，香火旺盛。在五峰山间，泉水穿过池经管首从石雕嘴喷涌而出，沿石崖飞下，如万珠凌空，很有气势，形成了闻名遐迩的五峰飞瀑。

小贴士

五峰山的龙泉飞瀑、青山翠峰是主要特色，游人很多，尤其到每年农历六月初六“花儿会”时，这里就成了“花儿之海”，人潮拥挤，记得注意保管好自己的贵重物品。

3 佑宁寺

佑宁寺位于互助土族自治县东南龙王山南麓，距县城约30千米，原称郭隆寺，建于明万历三十二年（1604年），被赞誉为“湟北诸寺之母”。历史上，佑宁寺鼎盛时期僧侣达到7000多人，涌现了大批在海内外享有盛誉的高僧哲人，被宗教界公认为佛学研究圣地，其影响甚至一度超过塔尔寺。

佑宁寺的规模宏大，大小经堂都绘有独特的建筑彩绘，金碧辉煌，气势非凡。因为它在历史上的巨大影响，至今仍有众多国内外信士、游人慕名而来。

攻略

佑宁寺每年农历正月、四月、六月、腊月会举行四次较大规模的法会,尤其是正月初二举行的为期15天的祈愿法会，对笃信藏传佛教的土族人来说，是头等大事。活动期间的正月初八和正月十四是观经日，有跳神、晒佛活动，很有特色。

4 北山国家森林公园

北山国家森林公园位于互助土族自治县东北部，是青海一处著名的原始林区和风光旅游景点。这里既是“青海高原上的植物王国”，又是野生动物的乐园；既有保存完整的原始生态，又有民俗文化久长的土族风情，堪称是不可多得的旅游胜地。

公园由浪士当、扎龙沟、下河峡等五个景区组成，雄、奇、险、秀，一年四季风景各异，无论何时来观光，都能领略到旖旎的自然风光。

链接　“圣母天池”的难解之谜

北山国家森林公园最神奇的地方在于，北山主峰俄座岭下海拔3800多米的山顶草地上。这里有一大一小呈阶梯状分布的两个湖泊，当地百姓称其为“圣母天池”。小天池的水一年四季恒温恒量地流向大天池，无论丰年或枯年，一直不变。

为何在这山岭没有足够积雪的地方，在面积不足以吸收流量水的山顶草地上，会有如此多的水蓄积为天池，常年满盈并且源源不断地往山下流淌呢？国内外很多专家都曾对此做过分析，可惜，至今无人可解。

攻略

住宿 驴友力荐的住宿地

在互助土族自治县住宿的话，可以去威远镇的宾馆住宿，也可以到北山林场的土族人家住宿。他们非常热情朴实，会给客人做地道的农家饭，还可以教你学揪面片，不过最好还是多个人一起去，这样对歌、吃饭、喝酒会很有气氛。

互助彩虹部落吐谷浑度假酒店：在威远镇天佑德振兴大道，提供齐全的酒店设施，如洗漱用品、拖鞋、毛巾、插座、热水等，干净卫生，交通也较便利。电话：0972-7310888。

华丰假日宾馆：位于互助县西大街7号，是一家较新的酒店，设施很新，环境幽雅舒适，临近佑宁寺、互助土族故土园、互助土族风情园等景区。电话：0972-8329400。

美食 饕餮一族新发现

土族人爱喝奶茶，吃酥油沙面，男子多喝自家所酿的青稞酒。喜庆节假日时，当地人还会做各种花样的油炸食品和手抓羊肉。另外，土族人饮食卫生很是讲究，他们每个人吃饭时都有固定饭碗、筷子，请客吃饭时也是每人一份新碗筷。

烫水烙饼：是当地人招待尊贵客人的吃食，俗称“蛇落皮”。做法是用开水烫面，拼成薄片，撒上香豆粉和青油，圈起后再摊平，之后将锅烧热浇上青油烙成。

肉饭：土族比较高档的美食，将肉切成块，与其他蔬菜一起烩炒后加水烧开，把擀薄的面切成方块或长条用手掐到锅里即成。有时，没有肉也会用鸡蛋代替。

酩流酒：当地人用青稞自酿的一种酒，在30度左右，清醇绵软，馨香可口。酿制时，土族人习惯加一种叫羌活的中药，有散表寒，祛风湿的功效。

油花：互助、三川土族群众用豆面、大麦面等粗粮做出来的面食。将大麦面或豆面的发面调匀后，卷上香豆粉或炒胡麻粉，蒸熟即成。

特别提示

土族人在生活习惯、喜庆节日、婚丧礼俗和宗教信仰中有不少禁忌。如他们在给客人倒茶时，忌用有裂缝的碗，端送茶时，忌单手给客人，要双手递给；忌向客人问“吃饭没有”，或“吃不吃饭”；忌不打招呼就突然进入他人家门；忌穿着鞋上炕；忌在厨房、寝室里吐痰、擤鼻涕以及在人前放屁等，若是到土族人家中做客，最好事先了解下他们的生活习俗或禁忌。

循化 撒拉族绿色家园

青海“小江南”

微印象

@萨卜拉 一处了解撒拉族的地方，这里的男子喜欢留胡子，头戴黑色或白色圆帽，身穿白汗褡、青夹袄，妇女都喜欢头戴盖头，喜佩耳环、手镯等，很有特色。

@星城四 从小喜欢少数民族风情，趁出差来到这个全国唯一的撒拉族自治县，听说它被称为“高原西双版纳”，感受到了撒拉族人的热情，很难忘的回忆。

门票和开放时间

门票：循化撒拉族绿色家园10元；孟达天池65元。

开放时间：循化撒拉族绿色家园4月20日—10月20日，9:00~18:00；孟达天池约4—10月开放，开放时间约为8:00~18:30。

最佳旅游时间

四季皆宜。但是若要感受撒拉族的少数民族风情，建议在开斋节、古尔邦节、圣纪节等重大节日期间前往，其间会举行盛大的活动。

进入景区交通

位置：海东市循化撒拉族自治县积石镇，距西宁市市中心160余千米。

交通：

1.客车：西宁客运中心每天7:00~17:30之间有多趟小巴循环发车。

2.自驾车：从西宁出发，开到南绕城路（即昆仑路），一路向东行驶，无路可走时往左转，之后向北开，在十字路口走兰州方向，上高速20分钟左右经过青海曹家堡机场出口，继续向前走到阿岱方向，经化隆，最后可到循化。

景点星级

休闲★★★★　美丽★★★★　特色★★★　人文★★★　浪漫★★★　刺激★

循化是中国唯一的撒拉族自治县，旅游资源非常丰富，有“高原西双版纳”之称的循化撒拉族绿色家园，有郁郁葱葱的孟达国家级自然保护区，有雄奇壮美的公伯峡、积石峡，有娴静秀丽的孟达天池，有雾缭绕的大里加神池，还有撒拉族发祥地的骆驼泉、已故十世班禅大师故居等，既有江南风光的妩媚秀丽，又不失青藏高原的雄伟、粗犷和险峻，同时兼具少数民族的独特风情，是游客观光、回归自然的极好去处。

攻略

循化撒拉族绿色家园经常会有活动举行，如4月25日—5月1日的撒拉尔之春——全国大学生旅游文化艺术节、农历六月初六的藏族拉则节、7月15日—7月17日的国际乡村长跑赛、8月1日—8月5日的国际抢渡黄河极限挑战赛、9月25日—9月28日的辣子节等，喜欢热闹的游客，千万别错过。

1 街子清真大寺

街子清真大寺既是撒拉族的祖寺，也是青海省第二大清真寺。街子，撒拉语称为“阿勒提欧里”，意为“祖茔之地”。从其名称也可看出，这里是撒拉族的发祥地。

寺庙初建于明洪武三年(1370年)，复建于1982年，大殿有30根大柱支撑地面，堂顶是中央穹隆式的绿色圆顶，大殿四角有四个完全相同的宣礼楼，整体建筑宏伟壮观，具有典型的阿拉伯风格。寺内珍藏有一部撒拉族祖先从中亚撒马尔罕东迁来的手抄本《古兰经》，不仅是撒拉族的族宝，也是世界上仅存的三部年代久远版本的《古兰经》之一，其珍贵价值不言而喻。

点赞 无法言说　街子清真大寺对面是撒拉族先祖尕勒莽和阿合莽的拱北(墓庐)，南面是充满神话色彩的奥土斯山，北面是汹涌澎湃的黄河，四周田园阡陌，杏红柳绿，别有一番农家风味。

故事　撒拉族定居此地的传说

相传700多年前，有一个创建过英雄业绩的部落居住在中亚撒马尔罕地区，他们属于乌古斯撒鲁尔的一支。部落中的尕勒莽和阿合莽兄弟二人因威望太高引起撒马尔罕国王的忌恨，欲置他们于死地。兄弟俩为躲避追杀便率领部分族人离开撒马尔罕，辗转反侧到达了甘肃夏河的甘河滩。之后到达循化的夕昌沟，上了奥土斯山时，天色已晚，却发现随行的骆驼走失，他们点起火把寻找，黎明时发现骆驼已在水中化为白石雕像。他们试量当地水土，发现与故乡的一致，便遵照天意，在此定居下来。

2 骆驼泉

骆驼泉就在街子清真大寺附近，虽是一泓不大的清泉，却是撒拉族之乡传说中的一处圣迹。这眼泉水，使撒拉族在干旱的西部活了下来，开创并见证了这个民族沧桑的历史，滋润了一代又一代的撒拉族人民。如今，泉水周围是茂密的芦苇丛，有月季花、刺梅、阳秀等花卉争奇斗艳，仿佛迎接着远方的客人。

解说

因为骆驼泉的传说故事，撒拉族民间还有一个撒拉族舞蹈——骆驼舞。这个舞蹈不但有完整的故事情节、固定的人物、服饰和道具，而且舞蹈动作以丰富的内涵，向人们叙说着撒拉族先民东迁历程之艰难。在舞蹈中，尤其特别的是，在没有任何音乐伴奏下，“骆驼”扮演者会用手上绑着的铜铃按“骆驼”的脚步节奏，摇出声响。

3 十世班禅故居

与文都大寺相邻的十世班禅故居，是十世班禅出生的地方。门前不远处有一棵参天古树，据说，当年十世班禅就是在这棵树下被确认为转世灵童的。现在树干上可见缠有各色哈达，寄托了世人对十世班禅的敬仰之情。

十世班禅出身望族，但是他的故居没有富丽堂皇的装饰，只是格局较大。故居属于典型的藏式庄廓建筑，呈品字形摆布，分内外两院。外院为停车场、杂物房、仓库等，内院东面并排住宅和正院两处，其中住宅北侧的一座古朴典雅的建筑便是十世班禅大师降生的老宅。

4 文都大寺

文都大寺也叫“边都寺”“边垛寺”，藏语称“文都贡钦扎西科尔朗”，意为“文都大寺吉祥法轮洲”。该寺坐西向东，依山而建，是青海最早的藏传佛教寺院，也是十世班禅幼年出家学经的母寺。

寺庙建有大经堂、三世佛殿、护法殿及活佛府邸等建筑。其中，大经堂格尊、释迦牟尼佛、大威德、十世班禅、噶希巴、无量寿佛、文殊菩萨等塑像和铜像，是青海省重修大经堂中比较宏伟的几座，保持了藏传佛教传统的艺术风格。另外，寺中还有一座十世班禅大师纪念塔，塔身用珍珠、玛瑙镶嵌，其外用镏金、白银、黄铜包裹，金光灿灿，很是壮观。

攻略

逛活动：每年农历正月寺庙会举行祈愿法会、四月举行斋戒会、十月有渗灯五供会、年终举行施食供养会，夏秋两季还有学经期会和六月的住夏等宗教活动。

赏美景：文都大寺背山农田连片，南边为拉代村庄，东面是照山自然林区，可以感受到浓郁的田园风光、看到苍翠的自然美景。

5 孟达天池

在昆仑山支脉孟达山2500米的翠玲怀抱中，有一颗晶莹美丽的明珠镶嵌在其腹部位置，这就是闻名遐迩的孟达天池。天池水清澄如镜，湖光山色如画，水波荡漾，四周云雾缭绕，恍若西天梵境，令人心旷神怡。深入天池门户后，只见悬崖峭壁间不时传来声声鸟叫，游鱼忘情嬉戏，带给人无穷乐趣。

沿着天池继续向前会到达孟达林区腹地。这里古木参天，挺拔、苍劲的古松和笔直高耸的山白杨交臂共生，又粗又长的藤蔓缠绕着高大的枫树，周边芳草没膝、山花烂漫，若是一阵山风吹来，枝叶摇曳起舞，其秀丽景色，绝对可以让你体会到高山森林的魅力。

小贴士

建议坐观光车从大门口到山脚下，因为若是在旺季的话，山脚下停车场容纳不了太多车，需要自己爬山。坐观光车到山脚下，可以选择骑马或步行登山。有高原反应的游客，可以选择骑马上山。

攻略

行程推荐　智慧旅行赛导游

循化一日游（孟达天池生态专线游）路线：清水湾—大禹神犬—双驼峰—狐跳峡—孟达清真大寺—撒拉族古老民居—篱笆楼—孟达自然保护区—孟达天池。

循化两日游路线：D1.文都大寺—十世班禅故居—撒拉族发祥地—骆驼泉—街子清真大寺，夜宿撒拉人家；D2.循化县城—清水湾—双驼峰—狐跳峡—狮王峰—西山卧虎石—华山松谷—三级彩虹瀑布—孟达天池、青林“森林浴”—竹子坪—池脑沟（观赏夫妻树）—树王——悬崖蛟龙，返回县城。

特别提示

❶ 因为循化地处高原地区，早晚温差较大，且天气变化无常，因而来这里旅游一定要带足衣物及随身用品，最好不要穿短袖上衣和短裤，鞋子也最好是旅游鞋或登山鞋。

❷ 在高原地区进食最好吃容易消化的食物，不要饮酒和吸烟，可以多吃蔬菜和水果等。如果有不良反应，可以服用一些缓解高原反应的药品，如高原红景天、西洋参含片、百服宁、西洋参、丹参丸、葡萄糖液等。

❸ 初到高原地区，切勿疾速行走，更不能跑步或奔跑，也不能做体力劳动。因为劳累是诱发急性高原病因素之一。若身体出现不适，需可以适当休息和绝对卧床，服用携氧片。

坎布拉

香巴拉神苑

微印象

@摄影林 一边仰望是漫山遍野的桦树林，一边俯瞰是碧绿的黄河水，偶尔成群的羊群穿过道路，群山叠嶂，长河逶迤，驾车其间，陶醉其中。

@惠玉穗 坎布拉的神奇在于我们刚刚经历了寸草难生的丹霞，却转眼遇到这么一大片自由呼吸的森林，颜色的转换让我们再次感叹大自然的神奇。

门票和开放时间

门票：门票50元，环线票价（门票+车票+船票）250元， 环湖游票价（门票+船票）150元。开放时间：6月15日—9月15日、国庆7:00~20:00；9月16日至次年6月14日，国庆除外8:00~18:00。

最佳旅游时间

坎布拉森林公园的最佳旅游时间为5—10月，以7—8月为最宜；此时坎布拉整体都是绿色，景色美丽，且气候温和，不会太过炎热。

进入景区交通

位置：黄南藏族自治州尖扎县的西北部。

交通：

1.包车：从西宁包车游玩坎布拉一日往返即可，包小车价格为400~500元/辆。

2.客车：从西宁客运中心到坎布拉有直达的中巴，每天大约四趟，车程约1.5小时，票价22.5元。

3.自驾车：①从西宁出发，经兰西高速至平安转平阿高速，至阿岱后转阿李高速，至牙什尕后向李家峡方向，后根据路牌指示到坎布拉景区东入口；②从西宁出发，经西塔高速转S101公路，途经扎哈公路，抵达贵德县，根据路牌指示到坎布拉景区西入口。

景点星级

美丽★★★★ 特色★★★★ 人文★★★★ 休闲★★★ 浪漫★★★ 刺激★★

坎布拉被称为“香巴拉神苑”，坎是藏语，意为“康巴”的意思，坎布拉即“康巴人的庄园”。这里由奇特的丹霞地貌、茂密的森林植被、古老的宗教文化、雄伟的电站大坝、绮丽的峡谷库区及独特的藏族风情所构成，是一处理想的旅游胜地。

进入景区，典型的丹霞地貌展现在眼前。沿着南宗沟前进，两旁方山、洞穴、峭壁比比皆是。高耸的山体如柱如塔、似壁似堡、似人如兽，形态万千，栩栩如生，人们赞它“峰回路转展千姿，丹壁红崖塑万态”。景区内的黄河明珠——李家峡水库，与丹山交相辉映，形成“碧水挟丹山，大坝锁黄河”的美景。同时，这里还是藏传佛教后弘期的发祥地，有阿琼南宗寺、南宗尼姑寺等佛教圣地。

小贴士

1.景区有三个观景台，中巴车会先送到一号台，让你下车拍照，然后接上一批游客开走去第二个观景台；拍照完后登记排队，等下一班中巴车开来至第二个观景台，如此循环。

2.景区内的农家菜卫生条件不算特别讲究，如果对此介意的游客，最好提前自带干粮。

3.从西宁市区到坎布拉会经过机场，若是自驾的游客，建议最后一天去坎布拉，可以避免二次折返。

1 德杰峰（天龙八部）

德杰峰是坎布拉丹霞十八峰之一，其名意思主要是说它山形如天宫、龙宫般巍峨壮美，其色彩多样，有云、烟、尘、雾、影、光、明、暗等多种变化藏语意为“天龙八部”。当地藏族农民认为，若是按期供养、祭祀“天龙八部”，就会得到神灵保佑，否则会有冰雹降临，摧毁庄稼。同时，“天龙八部”还是佛教高僧的修行圣地，因为其形态与拉萨布达拉宫相似，故而增添了几分神秘色彩。

解说

丹霞十八峰是指南宗峰、宫保峰、德杰峰、内宝宗峰、大雁峰、尼姑峰、山羊峰、牦牛峰等18座山峰，其命名大都带有浓厚的宗教色彩。

链接 为何“天龙八部”与布达拉宫相似

布达拉宫初建于吐蕃赞普松赞干布时期（约632年—639年），后来毁于雷电、兵火。1645年，五世达赖喇嘛罗桑嘉措决定主持重建布达拉宫。据说当时他征集了上百种图样，但都不像寺庙，基本上类似于内地的汉式宫殿。

后来，一位佛教徒呈献了一幅图样，五世达赖非常满意，说这才是他要建的布达拉宫，并询问设计者怎么想得如此独特完美。设计者答：“是天意，早把它显现在青海南宗寺黄河边的红底了，我不过是请来奉献给您罢了。”这里所说黄河边的红底，就是“天龙八部”所在的坎布拉。

2 阿琼南宗寺

阿琼南宗寺，又称“安穹南宗寺”“安俊寺”“南尊寺”等，位于坎布拉国家森林公园丹霞地貌中心景区，为藏传佛教宁玛派的寺院，距今已有1100多年的历史。寺院周边群峰叠起，林木蓊郁，溪水潺潺，景色秀美壮观。堪比华山奇绝的南宗峰矗立于寺院的东北，峰北的石阶山径可通往山顶，山径由悬崖中直上直下，如同云梯，十分险峻，阿琼南宗寺就掩映于山顶的苍翠古木之中。登南宗峰远眺，可将坎布拉的景色一览无余。

南宗尼姑寺：藏语称“南宗静虑兴旺洲”。为宁玛派尼姑寺院，传由古浪仓始建于元代。古浪仓原籍今当顺乡古浪堤，是著名的宁玛派世袭活佛。南宗尼姑寺以历史悠久、尼姑众多闻名省内外。

坎布拉示意图

仙女峰：是由数十个拔地而起，形态各异的圆锥形山体组成，上面有奇花异草点缀，四周地形隆起，犹如“仙女”们在翩翩起舞，景色奇特、秀美，如入仙境，让人叹为观止。

链接 南宗三寺

清朝康熙年间，白玛仁增在南宗沟建成了著名的南宗三寺。其中，南宗尼姑寺是青海最著名的尼姑寺，站在公路上，能看见寺院庞大的僧舍和一排白塔。而阿琼南宗寺是尖扎地区宁玛派教徒集中活动的重要场所，另外一座尕布寺，处于南宗沟的最深处，是格鲁派教徒集中活动的地方。

攻略

景区交通 游遍景区不犯愁

观光车票价：

东入口—灵山圣水—拉毛岗—德洪服务中心—小瑶池—南宗沟码头，单程票价为100元。

游艇票价：

线路一：北岸码头—猿人望天—毛泽东像—湖心岛—望夫石—天龙八部—夫妻柱—剪刀峰—南宗沟码头，单程票价为100元。

线路二：李家峡北岸码头—南宗沟—望夫石—毛泽东像—湖心岛，往返票价100元。

住宿 驴友力荐的住宿地

坎布拉景区中心的德宏村有农家乐提供住宿，可以享受到藏式民俗，睡大炕、吃藏餐。在景区外的坎布拉镇也有招待所可以住宿，卫生条件还可以。通常，很多游客并不在坎布拉停留，住宿还是返回西宁市。

黄南尖扎假日宾馆：环境卫生非常好，房间敞亮，内有大型停车场，算是尖扎县条件最好的酒店。电话0973-8738666。

尖扎康庆诺部央宗府：位于坎布拉镇德洪村，在坎布拉景区内，在这里可以体验藏族特有的木炕，一间房130元左右。电话：15597336333。

美食 饕餮一族新发现

吃饭的话可以去坎布拉镇，镇上丹霞路附近有些小餐馆，如李家峡小吃世界、丹霞餐厅、伊庆餐厅等。餐馆中的美食多以面食为主，价格在10元左右，炒菜价格稍贵一些，基本在20～50元。

行程推荐 智慧旅行赛导游

公园游览车路线分为两种：第一种是陆路进，水路出，其线路为：坎布拉景区东入口管理处—三灵嬉水景点—德隆台观景台—彩虹门观景点—坎布拉游客服务中心—德洪亭—小木楼停车场—小瑶池—射箭场—益西升天—五指峰—佛手指天—藏绣和热贡唐卡展销中心—坎布拉亭—小木楼停车场—阳根峰—南宗沟—南宗尼姑寺—阿琼南宗峰—观音殿—三贤洞—天龙八部—剪刀峰—擎天柱—大瑶池—南宗沟码头—坎布拉游客服务中心—南宗沟码头——坎布拉景区北岸码头—北岸入口管理处。

第二种是水路进，陆路出，线路为：坎布拉景区北入口管理处—北岸码头—南宗沟码头—小木楼停车场—小瑶池—射箭场—益西升天—五指峰—佛手指天—藏绣和热贡唐卡展销中心—坎布拉亭—坎布拉游客服务中心—彩虹门观景点—德隆台观景点—三灵嬉水景点—直岗拉卡村风情园。

同仁古城

热贡艺术之乡

微印象

@范特西久久 同仁，这座青海唯一的“国家历史文化名城”，这样一所硕大而独特的美术学院。在这里，就连每一缕清醇的空气都透着艺术的灵光。

@费成思 在同仁几个不起眼的小村庄流浪，看到那里的藏族同胞用种庄稼的双手，竟然制作出美丽的唐卡，所谓信仰的力量，真的是让人刮目相看！

门票和开放时间

门票：60元。

开放时间：售票时间约8:00~18:00（清早前来一般不会有人收门票，而18:00后大部分殿堂都会关闭）。

最佳旅游时间

同仁最佳旅游时间是5—9月，届时隆务河区域草原绿意盎然，高原美景开始显露，农历六月还有当地隆重热闹的六月会活动。

进入景区交通

位置：黄南藏族自治州同仁县。

交通：

1.长途客车：西宁客运中心每天7:40~17:00之间有多趟中巴前往同仁，票价40元。

2.自驾车：从黄南区自北向南有203省道经过同仁，这一路北部为温润的河谷地带，南部为迷人的高山牧场，自驾是很不错的选择。

景点星级

人文★★★★　休闲★★★★　特色★★★　美丽★★★　浪漫★★　刺激★

同仁地处黄南藏族自治州，在西宁的东南方向，较为接近甘南地区，是青海唯一一座国家级历史文化名城。这里海拔约2500米，藏语称“热贡”，是唐卡、堆绣的发祥地，大部分藏族同胞集聚区寺院的壁画、堆绣、唐卡、雕塑等都出自热贡艺人之手，因而同仁也有着“热贡艺术之乡”的称号。

1 隆务寺

隆务寺，藏语称“隆务大尔法轮洲”，为同仁最出名的大寺，其规模、地位、影响力仅次于西宁塔尔寺和夏河拉卜楞寺。寺庙早期为藏传佛教萨迦派寺院，后来在明朝改为格鲁派寺院。整座寺庙依山而建，布局错落有致，现存大经堂、修习殿、夏日仓殿、观音殿等20余座建筑，寺北还有8座佛塔，称为“如来八塔”。

大经堂为隆务寺全寺的最大建筑，堂前广场为举行重大佛事活动的场所。它与佛殿等主要建筑以金碧辉煌为特点，精美华丽，内有许多壁画、堆绣、唐卡等艺术品。若是想要俯瞰寺庙全景，可以到寺对面隔条河的山上，那是附近最好的观景台。

攻略

佛事活动：隆务寺经常会举办佛事活动，如正月祈愿法会（初七日至十六日举行，其间有十四日的晒佛、十五日的转弥勒佛、十六日的跳欠等活动）、二月的春季学经期会、三月由时轮学院举办“尼丹”法会、九月“降凡节”（于二十二日举行纪念释迦牟尼在忉利天为其母摩耶夫人说法后重返人间的活动）、十月“五供节”（纪念宗喀巴圆寂）等。

赏文物：寺庙现存明朝御赐释迦牟尼金像等珍贵文物，两块列为国家级省级文物的古碑，以及上万部藏佛经，其中尤以德格版《甘珠尔》《丹珠尔》最为难得。

2 热贡艺术馆

热贡艺术馆是青海省唯一的藏画研究机构，主要职责是对热贡艺术的历史发展、艺人生平和作品分布、失落情况进行调查，挖掘、搜集、整理艺术精品，宣传热贡艺术。现今，馆内有唐卡厅、雕刻厅、堆绣厅、沙盘厅、文物厅等5个展厅，馆藏明、清时期作品近百件，近代精品1000多件，版画、雕塑等作品100多件。

攻略

艺术馆最值得一看的是当世唯一没被毁掉的沙坛画，两米见方，玻璃罩子保存，全部用彩色的矿石沙粒撒在地上，没有用任何黏合剂。沙坛画是每年农历春节信徒制作用来祭祀节庆的，节日之后就毁掉，来年再做。能亲眼看到沙坛画才能深刻领略到热贡艺术的巧夺天工与光彩夺目。

小贴士

在热贡艺术之乡，购买唐卡是大多数游客都会做的事，一般一幅56厘米×72厘米大小的唐卡，大约400元，精品更是上千乃至上万元。对普通旅行者来说，购买之前一定要保持冷静的头脑，千万别因冲动损失大量财物。

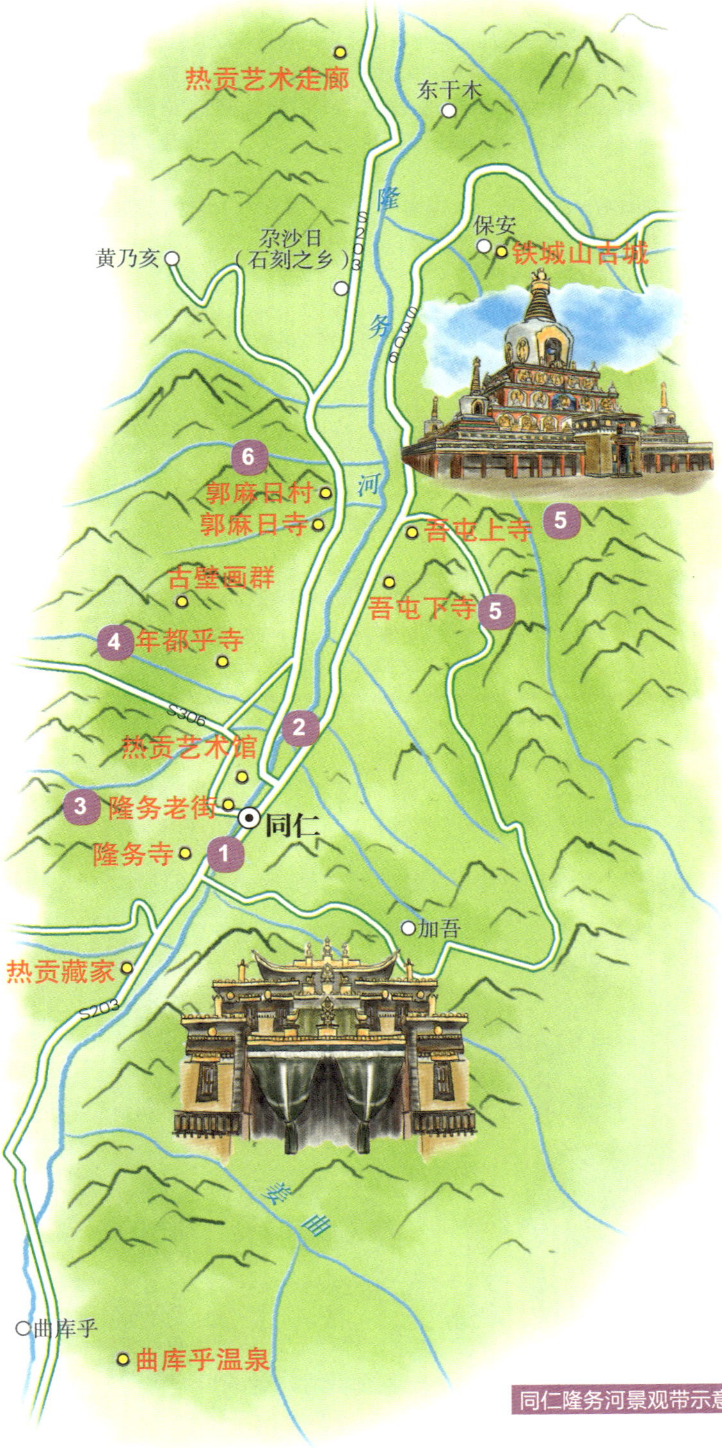

同仁隆务河景观带示意图

3 隆务老街

一条街上汇聚几种不同民族的寺庙，这种场景可能只有在隆务老街才能见到。19世纪40年代，随着茶马古道的兴盛，隆务成了商业贸易的中转站，隆务老街成了当时最繁华的街道。当时来自藏、汉、回、土、蒙古、撒拉等民族的80余商人在此安下家来，而代表他们信仰的藏传佛教、汉传佛教、伊斯兰教、道教及基督教等宗教场所就在这不足一千米的街道上一字排开，使得这条街成为世界罕见的“五教合一”老街。

如今，历经沧桑的隆务老街早已颓旧不复当年，但它100多年来接待了数以万计的文人墨客和虔诚信徒，成为了各民族文化交流、融合的历史见证。

点赞 土豆泥 听当地人讲，这些年来隆务寺、圆通寺、清真寺、二郎神庙等寺院需要维修时，古城里的居民不论什么民族都会出钱出力，而且不同宗教的寺院如今还保留着互赠礼物的习惯。

4 年都乎寺

年都乎寺是隆务寺在年都乎乡的一间属寺，规模不大，只有两间大殿，僧房也不多，游客很少，但是寺内珍藏着国内寺院中堪称至宝的精美壁画。

攻略

年都乎寺相当偏，路上经过大片的树林和草地，坐落在一片山坡上，但没想到最是安静舒适。寺庙后面有一片空旷的草地，几棵梨树上开满了白色的梨花，梨树影子印在墙上，好像岁月留下斑驳痕迹。

5 吾屯上寺、下寺

吾屯村是藏族“热贡艺术”的发源地，有吾屯上、下两座寺庙，两者相距1千米，下寺比上寺更

出名些。上、下寺均收藏有大量精美的唐卡、堆绣、雕塑等艺术品。

其中的吾屯下寺，至今已有600多年的历史，主要建筑有大经堂、弥勒殿、护法殿各一座，茶房一院，装饰都十分华丽，尤其是以广场上两座镶满宝石的鎏金时轮塔最为知名。金塔底座的壁画将唐卡的技法应用其中，相较一般的寺院来说更为精美。寺庙门外塑有八尊白色佛塔，名为“解脱八尊佛塔”，全部由吾屯村民捐资兴建。如果时间允许，可以到村里绘制唐卡的人家里看看，大多绘制唐卡的村民很愿意游客来访。

小贴士

1.吾屯下寺有清朝檀香木雕弥勒佛像等省级文物，还藏有相传自印度迎请的五粒释迦牟尼佛发舍利，作为镇寺之宝供奉于释迦牟尼佛像内。

2.到吾屯寺最不能错过的就是唐卡，可以在寺院观赏也可以到私人画院中欣赏。

攻略

1.每年农历六月十六至八月初一，吾屯下寺的僧人会举行夏座修心活动，即所谓的闭关修行，这期间女性拒绝进入寺院，若是在这个时间来此旅行的女性，最好另寻他地。

2.吾屯寺的喇嘛和村民都是绘制唐卡、堆绣等佛教艺术品的高手，他们会热情带你参观自己的居所，展示他们的作品，以此希望你购买一二，但是若是想要购买一幅物有所值的唐卡，不如请喇嘛根据价钱定做一幅，两三个月后取货，这样会买到真正的好东西。

6 郭麻日村

郭麻日村是国家历史文化名村，很多村民都擅长绘画、雕塑、堆绣，热贡艺术繁荣，文化底蕴深厚。 这是一个历史上屯兵戍边的古堡，城墙、巷道设计之奇妙，结构之复杂，布局之精巧，令人惊叹。走进村庄。好像进入迷宫一般。

小贴士

同仁地区的寺庙几乎每天都有两次辩经，上午一次，下午一次，每次两小时，分小组进行。站着的僧人一边击掌一边提问，坐着的回答。辩经时动作幅度很大，掌声如雷，小组辩完后是群辩，有兴趣的话，不妨停下来看看。

攻略

穿过郭麻日村会看到坡顶有一座金碧辉煌的宝塔，这是著名的“安多第一塔”，又称郭麻日时轮塔。塔身有五层，最底部是一圈转经长廊，在塔顶俯瞰或是晒太阳，都是很惬意的事。

攻略

住宿 驴友力荐的住宿地

同仁县隆务镇是黄南藏族自治州的首府，有不少旅馆提供住宿，住宿条件比较好。

同仁热贡公寓位于省州隆务镇德吉嘉苑隔壁，周围餐饮、娱乐等生活配套齐全，出行便利。电话17697032222。

云龙酒店：工商局斜对面的酒店，是建设局招待所，有免费打市话、长途，免费上网等服务，标间在200元左右。电话：0973-8726866。

同仁热贡诺尔邦旅游客栈：位于同仁县雪莲东路，离汽车站不到1千米，离文化广场和体育广场、博物馆等一步之遥。一间房160元左右。电话：0973-8726999。

美食 饕餮一族新发现

同仁县隆务镇上清真餐馆居多，没有超市和小吃街，各个村子里也很少有吃饭的地方，甚至连小卖部都很少见。这里生活节奏较慢，营业时间很晚，关门时间很早，消费水平也不是很低，人均20元/餐。清真餐馆里的羊肉、牛肉砂锅可以尝尝，另外晚上时在街上有大排档可以消遣。

爆焖羊羔肉：是这里的特色清真菜，肉质细嫩，辣酥爽口，嚼时柔软，入口不腻。另外，这里的奶皮纯黄夹白，油渍点点，蜂窝沙孔满布，色彩清新迷人，入口奶油溢香，酥柔味美。

干拌：一种先经水煮，之后加入丰富的作料炒制而成的拉面，辣椒和醋可根据个人习惯添加。吃干拌时会送一碗牛肉清汤，味道独特、极为爽口。

帐格尔糌粑：位于同仁县隆务镇尖扎路，这里有各种藏面和糌粑，尤其是酥油茶和老酸奶很受欢迎。若是吃不惯藏餐，可以尝尝这里的土暖锅。电话：0973-8723544。

行程推荐 智慧旅行赛导游

同仁两日游：D1.西宁—郭麻日寺—吾屯下寺—吾村上寺（夜宿吾屯村）；

D2.吾屯上寺—年都乎寺—隆务寺—西宁（夜宿西宁）。

专题

热贡唐卡

唐卡是流行于我国西藏自治区，以及不丹、尼泊尔等藏传佛教地区的一种布帛卷轴画，因为与生俱来的宗教性，它给人的感觉总是蒙着一层神秘的面纱。热贡唐卡就是近几年声名鹊起的一个地方性流派，主要盛产于青海省同仁县，因同仁县藏语称“热贡”而得名。

出人意料的是，在偌大的青海省，全省唯一一座国家级历史文化名城并不是省会西宁，而是同仁这座弹丸小城。这里的隆务寺在安多藏族同胞集聚区，规模仅次于著名的塔尔寺和拉卜楞寺，而热贡唐卡的形成和发展都与它密不可分。

当年的同仁县居住着藏、满、回、汉、土、撒拉等多个民族，因为隆务寺的壮大，青海周边的兰州、临夏等地的商人陆续前来做买卖，寺主夏日仓活佛在隆务河畔划出一块地方建造城区，将这些外来的客商统一安置在城内居住，史称“克哇加曲”，意为“八十家商人”，就这样，不同文化在同仁的交织与共存，让当地的唐卡画师吸收了外来文化，于是热贡唐卡便逐渐形成了自己独特的风格。

热贡唐卡发展情况

同仁是藏族同胞集聚区最大的唐卡“制造基地”，不但唐卡的产量最高、销路最好，画师的数量也最多、最集中。据统计，目前同仁境内有2000多人从事唐卡绘画，主要集中在县城附近的吾屯、年都户、郭麻日和尕撒日等“隆务四寨子”。当地政府甚至把唐卡当作一个支柱产业来扶持，传习所、发展基金、文化公司层出不穷，比赛、艺术节、博览会接二连三，这在藏族同胞集聚区是绝无仅有的，也是唐卡上千年的历史上前所未有的。

尤其是在有“唐卡艺术之乡”之称的吾屯，这里已形成“家家有画室，人人是画师”的艺术创作

盛况。全村300多户，90%以上都画唐卡，随便走进一户人家，不是在打底勾线，就是在着色描金；不是在埋头作画，就是在相互切磋。在这里，一个个视艺术为生命的热贡艺人们，通过百年呕心沥血的描摹、滋养，使得热贡艺术成为享誉世界民族民间艺术宝库中的分支。

热贡唐卡传承

传统的热贡唐卡艺人，手艺只传亲属或徒弟。但是当年轻人师从大画师，得起真传之外，还要通过游历、学习各家所长，再加以融会贯通，才能成为一代大师级画师。

热贡唐卡所选用的颜料，大都是产自喜马拉雅山麓的天然矿物颜料，色彩纯正且质量稳定，用它们绘出的唐卡，即使长时间存放也不会轻易掉色、变色。另外，黄金也可以算作一种特殊的颜料。热贡唐卡极尽描金之能事，描金之外，铺金、磨色、开眼也都要用金。一般，在唐卡画师眼中，一幅好的唐卡，必定会让人产生欢喜心，或感动而流泪，或想磕头顶礼，产生皈依的平静心。

热贡唐卡绘制

选布：画布一般是浅色画布，不要太厚太硬，画布太厚太硬容易使颜料剥落和皴裂。最合适的画布是织工细密的纯白府绸或棉布，没有图案的白丝绸做画布也非常合适。

固定画布：沿画布的四边把它缝在一个细木画框上，再用结实绳子把细木画框牢牢地绑在大画架“唐卓”上面。

上胶和打磨：首先在画布上涂上薄薄一层胶水作为“底色”，然后晾干。此后，再薄涂一层有石灰的糨糊。等第二层涂料干后把画布铺到平坦地方，用光滑的东西反复摩擦画布面到画布的布纹看不见时为止。

矫正画布：正其经纬。

打线：画出主要的定位线。其中有边线、中心垂直线、两条对角线和主要轮廓线。

勾草图：用炭笔画出佛像的素描草图“白画”之后，再用墨勾成墨线。

上色：根据画面描绘的景物的不同，在不同的景物上涂上相应的颜色。

勾线：把上面所说的部分画完后，用金色画衣服上的图案（这些金色图案称“金画”）。一些画面装饰和画面其他地方也用各色线条来勾边。

开脸：开眉眼包括画眼睛、嘴唇、鼻孔、手足指甲等，是唐卡绘制过程中最后一道工序，也是最重要的一步，一幅唐卡的成败，往往取决于眉眼开得是否成功。

贵德国家地质公园

高原“小江南”

微印象

@温柔的鱼刺 这个公园景色很美的，第一次观赏丹霞景观，很震撼，很兴奋，唯一一个缺点就是个人认为公园小了点，一个多小时就转完了。

@钟彩晨 贵德黄河天下清，这是一个名人的题词。看惯了黄的黄河，来到这里，会感到另一份震撼！水流湍急，清澈透明，周边被丹霞地貌环绕，犹如人间仙境。

门票和开放时间

门票：80元。

开放时间：8:00~17:00。

最佳旅游时间

贵德国家地质公园旅游的最佳季节以4—8月为宜，尤其是仲夏时节，忽晴忽雨的天气会让丹霞景观更加鲜艳，而冬季下雪后会覆盖住丹霞地貌的彩色。

进入景区交通

位置：青海省海南藏族自治州贵德县尕让乡阿什贡村。

交通：从西宁南川西路客运站每7:45~17:40有多趟到贵德汽车站的中巴，车程约2小时，票价26元。出站后有很多招揽生意的车辆到贵德国家地质公园。

景点星级

休闲★★★★　美丽★★★★　特色★★★　人文★★★　浪漫★★　刺激★

贵德因地处黄土高原与青藏高原的过渡地带，黄河自西向东横贯其中北部，使得这里形成了多级河流阶地和盆地丘陵地貌，又因其恰好处于黄河谷地，上有龙羊峡锁关，下有松巴峡守护，四面环山，南北高，平川开阔，土地肥沃，因而被称为是“高原小江南”。

贵德国家地质公园就处在这样优越的地理位置中，形成了以自然地貌景观河地址遗迹为主要特征，并辅以多样生态景观和丰富人文景观的一个综合性地质公园。景区包括阿什贡园区、黄河河谷园区、麻吾峡园区3个主园区，是观光旅游、休闲度假、科普教育和科学研究的极佳场所。

点赞 丸子喵 地质公园是一处土文化的乐园，也是人类文明起源的地方，有很深的文化底蕴，深厚的天地人缘的“土之说”让人心胸开阔。

1 阿什贡园区

阿什贡园区又称七彩峰丛景区，是贵德国家地质公园的核心景区，以“地脉绵延根在地，人缘千古情为源”为内涵，以“七彩峰丛、轩辕后土”为主题，并由13个以“土”为核心的主题广场和7条色彩不同造型各异的丹霞峡谷组成，其中的丹霞地貌悠久奇特，山峰突兀林立，地质造型古怪神奇，尤其是女娲峡、千佛峡、通天峡等都是世界上罕见的自然奇观。

阿什贡峡谷是园区极具特色的景点，它自山谷狭长的羊圈湾开始，西至达卡沟口，受河水切割的影响，两岸山峦多为斧劈刀削般的悬崖，加上一些风蚀砂岩和较为平缓的山坡，重重叠叠，绵延数十里，十分壮观。

点赞 幼稚楠 阿什贡七彩峰从离西宁市不远，约2小时车程，沿途的风光很美。景区的风景也不错，而且有电瓶车及沿途的讲解，挺方便的。

解说

阿什贡的丹霞地貌是地球内外营力的杰作。白垩纪至第三纪红色沙砾岩层，因为黄河水下切和喜马拉雅山造山运动隆升的作用，从地层深处渐渐裸露出来，又经过千万年流水的侵蚀和风的雕凿，便形成了千姿百态的耸岩峭壁。

这里赤壁丹崖广泛发育，形态险峻，多为顶平、身陡、麓缓的方山、石墙、石峰、石柱等，观赏价值很高。而形成这些红色山块的岩层就是一种在内陆盆地沉积的红色碎屑岩，由于地壳抬升成山，山坡因崩塌而后退，最终成为这样一处四面陡立的山体。现在，从悬崖粗细相间粗细积层理上，尚能辨别出红色沙砾岩层的“原貌”。

2 黄河河谷园区

黄河河谷园区为贵德国家地质公园的三大园区之一，“天下黄河贵德清”，这里就展现了与众不同的繁花似锦般的黄河景观。此处的黄河水清澈见底，毫无浑浊感；周边的黄河吊桥、黄河水车广场则为其增添了更多神韵。夕阳西下，古朴的黄昏与蓝天、碧水、白云构成的是如诗如画的别样黄河景观。

3 麻吾峡园区

麻吾峡峡园区是一处展示麻吾峡风蚀景观的地方。麻吾峡峡道长约8千米，南北走向，峡谷两边山峰矗立，耸立的山崖上有诸多圆形或不规则椭圆形的小洞穴和凹坑，这是由劲风吹动沙粒或尘粒撞击裸露的岩壁表面而形成。这些洞穴、凹坑构成了各式各样的景观，如“仙人指路”“百鸟朝凤”“风霜老人”等，惟妙惟肖、变化多端，既有雄浑大气又有小巧精致，既有如花似锦又有陡峭险峻，令人叹为观止。

贵德古城

青海保存最为完整的古城之一

微印象

@小楼台 古老的是你，神秘的是你，温柔的是我的足迹。在这样一处古城，脚步都会不自觉地放得很轻很轻，生怕打扰一个失落的梦。

@windy之舟 一座古色古香的古城，有文庙、关岳庙、万寿观（玉皇阁）等景观，慢慢逛逛，很有点味道。

门票和开放时间

门票：60元。

开放时间：全天开放。

进入景区交通

位置：海南藏族自治州贵德县河西镇北大街。

交通：从西宁南川西路客运站每天7:45~17:40有多趟到贵德汽车站的中巴，车程约2小时，票价26元。

景点星级

人文★★★★　休闲★★★　特色★★★　美丽★★　浪漫★★　刺激★

贵德古城位于贵德县河西镇北大街，始建于明洪武十三年（1380年），是一处保存完整的明清古建筑群，也是青海乃至西北地区保存最为完整的古城之一。历史上的丝绸之路、唐蕃古道在境内交错延伸，使得这里成为东西南北的大道通衢，才有古城最初的面貌。

古城呈正方形夯筑土城，城四周有护城河，现存东、西、北三面城门，规模宏大、建筑风格复杂多样。它的东半部建有供奉孔子的文庙，供奉关羽、岳飞、马祖的关岳庙（武庙）和供奉玉皇大帝、文昌诸神位的万寿观（玉皇阁），西半部建有大佛寺、城隍庙和图书馆等建筑，展示了古代建筑艺术的成就，观赏价值较高。

小贴士

贵德的街道很干净，马路也很宽敞，与一般的县城更为温馨舒适。尤其是玉皇阁外面的小广场，算是一个休闲的宝地。很多人都会在此花一下午的时间去小憩、假寐，有满园的梨花作陪，阵阵清香扑鼻而来，很是享受。

攻略

逛活动：每年4月末5月初贵德县都会举办大型“梨花艺术节”，届时伴着漫天的梨花芬芳，游客络绎不绝，在梨园、林地和河边，会欣赏到怒放的梨花，而且还会有物资交流、商贸洽谈等活动；每年阴历六月二十二，贵德会有“六月会暨物资交流大会”活动，这是演唱“花儿”与藏族“酒曲”的盛会，已有十多年的历史，如果有幸赶上，不妨凑凑热闹。

1 贵德文庙

贵德文庙始建于清嘉庆元年（1796年），后来被毁，于光绪三年（1877年）重修，是青海省保护最为完整的一座文庙。它由棂星门、泮池、戟门、乡贤名宦祠、东西配殿和大成殿等建筑组成，是历朝为县城立学、崇敬老师、圣明礼教而修的学宫，也是文人祭祀孔子和集会的场所。

点赞 邪恶熊宝宝　文庙旁的玉皇阁很值得一看，算是古城最高建筑了。登上阁楼，放眼眺望，整个古城尽收眼底。远处群山环抱，天蓝云白；近处古城围抱，亭台错落。

❷ 玉皇阁

来到文庙的后院，就到了玉皇阁古建筑群，正中的大成殿是玉皇阁古建筑群中单体面积最大的建筑。玉皇阁始建于明万历二十年（1592年），道光十一年（1831年）增修，同治六年（1867年）毁于兵乱，1913年重修。

玉皇阁坐北朝南，三层阁楼用回廊木梯相连接，雕梁画栋，飞檐斗拱，在贵德“古八景”中有“仙阁插云”的美誉。玉皇阁是建在三层砖包土筑的高台上的三层歇山顶式阁楼，通高25.5米，相当于八层普通楼房高。从上往下依次代表天、地、人，寓意天人合一，阴阳合化。玉皇阁底层挂着题有“山河一览”的木制匾额一块。

解说

玉皇阁建筑群的山门两侧竖立着两块很有文物价值的碑刻。西侧这块“题归德创建玉皇阁万寿观碑记”，成碑于明朝万历二十年（1592年），详述了创建玉皇阁的经过，也是玉皇阁的历史见证；东面这块“复修玉皇阁碑记”，详述了1831年复修玉皇阁的一些概况：捐钱捐物、用工用料以及塑像等。

❸ 武庙

武庙即关岳庙，是关羽和岳飞的合祠，又称马祖庙。武庙位于玉皇阁东侧，是军旅、戍边将士拜谒的场所。武庙修建于清朝光绪年间，现在供奉着关羽、岳飞、马祖、赵公明等。武庙建筑包括砖雕照壁、门楼、钟楼、鼓楼、过厅、正殿、东西配殿组成。整个武庙的建筑高低错落，结构紧凑，布局精巧。

4 南海殿

南海殿是梅茨山山麓的一个道教、汉传佛教、藏传佛教相依并存的旅游胜地，在贵德“古八景”中有“南海溪声”的美誉，也是观看贵德湿地的最佳地点。

南海殿建于明清时期，于民国时增修而成，整座建筑依山顺势，由牌坊、山门、三清宫、过厅、三世佛殿、十八罗汉殿、送子观音殿、西王母宫、文峰亭、观音雕塑、龙脉碑亭组成，气势恢宏，错落有致，成为众多香客心中的福地。

小贴士

喜欢摄影的游客，可以在清晨或黄昏时来南海殿，那是摄影的最佳时分。站在梅茨山上，贵德全景展现在眼前，游客既可欣赏贵德优美的田园风光，又能目睹“青田断脉”的遗踪。

链接 南海殿修建缘由

相传，明朝开国初，全国各地相继出现九条龙脉，龙头都指向了黄河。按照当时的说法，龙头若能饮到黄河水，此地必出一位“真龙天子”。当朝皇帝闻听后十分吃惊，立即派宰相刘伯温率一班大臣分赴各地寻找龙脉，敕令务必挖断龙脉。朝廷大员来到贵德后，在梅茨山脚下找到了一条龙脉后便下令开凿。这时，奇怪的事情发生了，只要是当天白天挖开的地方到了夜间便会悄悄合拢，如此数日，众人无计可施。经高人指点，他们在原地修建了一座观音菩萨殿，这才顺利斩断了龙脉，于是就有了今天的南海殿。

5 中华福运轮

转经轮是藏传佛教中的重要法器，在藏族同胞集聚区随处可见，但像是中华福运轮这么高大的，只能在贵德县见到。它是世界上最大的转经轮，已获得吉尼斯世界纪录证书。该转经轮自上而下用紫铜以浮雕形式铸造，外镀金箔，浮雕锻铸有菩萨像、经文等宗教团，看上去极为壮观大气。

中华福运轮底座像一个完全盛开的莲花，入口上方巨大的蓝色牌匾上用藏、汉两种语言书写着“中华转经轮”以及题词者的名字，匾上之字由十一世班禅“班禅额尔德尼·确吉杰布”所题，很有价值。

解说

转经轮最上面是8尊佛像，中间是吉祥八宝图，底部是16尊佛母，整个经筒巨大雄浑，制作精美，令人叹为观止。听说经轮内藏有200部甘珠尔，围着其转一圈，就等同于念颂200遍甘珠尔之功德。

6 大禹治水广场

大禹治水广场位于黄河北岸的虎头崖，是贵德县近年新开发的一个旅游景点。它由山门、8个六角亭、大禹雕塑、花岗岩浮雕、观光长廊、绿化带、黄河石等几部分组成，登上虎头崖，可以凭吊大禹治水的丰功伟绩，可拜读名家撰写的《贵德大禹治水纪念碑文》，可俯视脚下清清黄河蜿蜒东流，也可欣赏贵德优美的风光，算是一处新的人文景观。

7 黄河清湿地公园

黄河清湿地公园又叫千姿湖，是西宁到贵德路上的一片生长着芦苇和野花的湿地。在贵德这样常年干旱少雨的地方，能有像这么一片宽广的湿地实在是不可多得的礼物。它的特点就在于以苍凉壮阔的山脉为背景，在丹山碧水之下，能让人体会到一种“抬头是高原，低头似江南”的感觉。

小贴士

想要摄影的游客，可以在深秋季节前来黄河清湿地公园，那时是观赏和拍摄此地景色的最佳时节。值得注意的是，在游览黄河清湿地公园时，千万不要私自徒步进入，以免发生危险。

点赞 雪凡一缺 河畔都是沙石路，可以行车，是骑行、约会的最佳选择。河畔均为湿地和树荫，即便是炎热的夏天，水也非常凉。

攻略

住宿 驴友力荐的住宿地

贵德县内有诸多住宿地可供选择，高档些的宾馆不仅住宿条件好，环境、风景也很不错，很适合休闲、度假；县内宾馆多集中在县城区域，黄河边上也有一些不错的别墅。

温泉宾馆：在贵德县迎宾西路355号，是当地条件不错的宾馆，宾馆院内除有亭台楼阁、小桥流水及花卉温室等设施外，还有引自扎仓温泉的泉水，一年四季泉水长流，可以泡温泉。电话：0974-8553534。

贵德黄河逸园国际饭店：位于河西镇迎宾西路，徒步10多分钟即可到黄河岸边，是一家涉外宾馆，也是环青海湖国际公路自行车赛定点接待单位。 电话0974-8561999 。

贵德银龙国际饭店：房间宽敞干净，酒店位置优越，步行十几分钟可以到达黄河岸边。天气晴好时刻欣赏黄河边上美丽的日落。 电话0974-8536789 。

美食 饕餮一族新发现

贵德的餐饮与青海大部分地区一样，以各类面食为主，还有甜醅、酸奶、酿皮、青稞馍馍、糍粑、酥油茶等西北特色餐饮。若是喜欢吃羊肉，可以在拉鸡山附近的牧民处买到新鲜羊肉，肉质好于其他地方。如果恰好路过尕让乡也可以停下来吃饭，这里的面食比其他地方的略好吃一些，很多长途司机都喜欢在那里吃饭。

购物 又玩又买嗨翻天

贵德特产水果，尤其是以长把梨和软梨酒出名，前者是传统的中医食疗良药，具有润肺清心、化痰止咳、滋阴止热、降火解毒的功效；后者类似葡萄酒，适合湿热、痰湿、阳虚体质的人饮用，一般在贵德县酒厂（贵德县河阴镇旧西街）门口的销售部可以买到，便宜又好喝。另外，贵德县的芦苇枕头、民族饰品和纪念品也是送人的首选。

第 3 章
青海湖

二郎剑景区
仙女湾景区
西海镇

青海深度游
Follow Me
慢旅行的倡导者

微印象

@森之林 三天的青海湖之旅留下的是久久的回味，在青藏公路上一路狂奔，也一路被美景冲撞着。青海湖的景点太多，无法做到每一处都看遍，就好好欣赏遇到的一切。推荐每一位热爱旅行的朋友前来。

@傲雪 蓝天、湖水、高山、岛屿、油菜花，还有好吃的牛羊肉、老酸奶，青海湖的一切太让人留恋。不论你是想看小清新的风光，想摄影，还是想找个地方发发呆，寻信仰，青海湖都是最好的选择。

门票和开放时间

青海湖景区旺季执行全价门票，淡季执行半价门票；旺季为4月20日—8月20日，淡季为10月16日至次年4月14日。

景点	门票	开放时间
青海湖	旺季100元，淡季50元	全天开放
二郎剑景区	旺季100元，淡季50元	全天开放
仙女湾景区	60元	9:00~18:00
西海镇原子城	通票160元	8:30~18:00

最佳旅游时间

青海湖的最佳旅游时间是 6—8月，此时气候温暖，风景极妙，7月中旬—8月中旬青海湖油菜花开放得最美。

景点星级

美丽★★★★★ 特色★★★★★ 休闲★★★★★ 人文★★★★ 浪漫★★★★ 刺激★★

青海湖是中国最大的内陆湖泊，也是中国最大的咸水湖，它由祁连山的大通山、日月山与青海南山之间的断层陷落形成，已演化为青海省的代名词。这里是人们进入藏族同胞集聚区的中转站，匆匆而过的行人可能会不经意间错过无数美丽，然而如果你去探索，就会发现在它粗犷的外表下，掩藏着很多让人惊艳的风景。

在不断变化的季节流转中，青海湖总会呈现出不同的自然美景。当湖四周巍峨的群山和西岸辽阔的草原披上绿装时，此时已是夏秋时节，其间点缀着如珍珠般数不尽的牛羊和骢马；湖畔整齐的农田麦浪则绘成金色的花海，芳香四溢；碧波万顷、水天一色的青海湖，就在这样的多彩画卷中犹如一泓琼浆轻轻荡漾。冬季来临，青海湖四周的群山和草原变得一片枯黄，雪花纷飞时，遍山遍野还要披上一层厚厚的银装。尤其在11月，结冰的青海湖，冰封玉砌，如一面巨大的宝镜，在阳下照耀下，绽放出夺目的光亮。

除了四季秀丽的自然风光，青海湖也蕴含着厚重悠久的历史文明，周边的历史古迹，如沙陀寺、伏俟古城、尕海古城等，也吸引着远道而来的游人。

攻略　黑马河看日出

如果有时间来青海湖游玩的话，那么黑马河看日出一定是一个不可错过的节目。

黑马河每个季节日出时间都会有一些偏差，具体时间可以咨询附近旅馆的老板，由于看日出的人很多，所以他们对于日出时刻的掌握非常精准。如果准备7月或者8月前往的话，日出时间差不多在早上6点，一般5点出头就要起床做准备个工作了，前往湖边去找个最佳位置；如果是冬季前往的话，日出时间基本都要在7点之后了，冬季前往的人也少，早上也不用赶早去抢位置。

至于住宿，黑马河附近沿线都是家庭性质私人开的旅馆，如果旺季前往最好提前预订，不仅可以避免没有房间，还可以避免房间价格上涨，尤其是每年的7月和8月，在河边帐篷住一晚都要100元以上的价格，晚上又冷，容易着凉；住宿环境每家每户都大同小异，环境卫生情况不要抱有太大的希望，多数都为标间，2~3人间，3~4人间居多，公共洗手间居多。

舍布齐岩画

舍布齐岩画位于刚察县吉尔孟乡的青海湖西山舍布齐沟沟口处。岩画雕凿于一块高2.8米、宽3.4米的岩石上，内容为动物、狩猎等，大概绘于南北朝至唐代期间，均为垂直打击法，线条粗犷豪放，形象古朴生动，但由于岩面风蚀剥落，现仅存31幅。其中的骑猎图是一幅具有断代意义的画面，有很高的文物价值。

北向阳古城

此城位于刚察县吉尔孟乡北向阳村，为汉代时期所筑，是汉西海郡所属五县之一的驻地。古城东有条干枯的小河，北为青藏铁路，城内由城门起向北有一中轴大道，大道东为较平坦的广场，大道西部隆起，并被风沙淹没形成许多小丘，经考察是当时的房屋基址。据当地村民所说，在修建村庄院落及房屋时，这里曾经发现过五铢钱、铜镞及许多杂骨等遗物。

湖里木沟岩画

湖里木沟岩画是位于青海南山山底的一个灿烂多彩的艺术画廊，创作时间时跨中原地区的唐、宋、元三个朝代，也有可能延伸到近代，是青海岩画的典型代表。这里的岩画表现内容很是宽泛，包括动物、人物、狩猎、放牧、植物、舞蹈以及性爱等多个方面，弥补了游牧民族居无定所而造成的文物、文献史料不足的缺憾，丰富了中国古代文化的宝库。

切吉草原

这里是历史上著名的大非川战役的发生地。现今这片草原辽阔平坦，周围是连绵的山丘，草原上是扎营佳处，可以让游客体验到浓郁的藏族风情。

沙陀寺

沙陀寺是青海湖周边最大的宁玛派寺院，经堂、经楼、僧舍集藏汉建筑艺术为一体，在青海湖风光的衬托下，显得颇为壮观。寺内藏有大藏经《甘珠尔》《丹珠尔》及其他经卷数百部，大小佛像近百尊，各种法器上千件，终年香烟缭绕，香客不断。

青海湖示意图

尕海古城

尕海古城地处海晏通往刚察的必经之路，是环青海湖古城池中的五城之一。这里历史上曾经是羌人活动的中心地带，属土谷文化范畴，出土了汉代的五铢钱、灰色陶片、残铜镜等，可见其在汉代时期的空前繁荣。

三块石

三块石，又名孤插山，位于青海湖西南，距鸟岛、海心山约20千米，由7块紧密相连的石灰石、礁石组成，因远望如三块巨鼎而得名三块石。三块石立于青海湖波涛之中，周边水拍浪激，蔚为壮观；礁石之上虽植被覆盖少，仅有些牛尾蒿于碎石块间生长，但却有众多鸟类栖息，数量已超过鸟岛。

日月亭

建于1990年，既是纪念文成公主为汉藏文化交流的功绩,也是纪念中国人民解放军进军西藏的艰苦奋斗光荣事迹，为青海省著名的旅游景点。

伏俟故城

鲜卑族语中“伏俟”为“孛董”，意为“王者之城”，是南北朝、隋唐时期吐谷浑民族的故都，距今已有500多年的历史。这里是青海湖附近最有古意的遗址地，尤其在暮色中古老的城垣显得十分神秘和沧桑。

交通攻略

外部交通 条条大路通湖畔

位置：青海省东北部的青海湖盆地内。

火车：由西宁开往格尔木的7581次列车经过青海湖周边的一些城镇，其中距青海湖较近的车站由东至西分别是海晏县、哈尔盖镇和刚察县，它们都位于青海湖的北部。在海晏可游玩金银滩草原、西海镇原子城、沙岛等，在乌兰可游玩茶卡盐湖，在刚察可搭班车前往鸟岛。

汽车：西宁客运中心有诸多前往青海湖周围城镇的班车，班次频繁，非常方便。西宁至茶卡约5小时，65.5元；西宁至乌兰约8小时，75元。

自驾：青海湖地区道路平坦，沿途多加油站，且景色优美，很适合自驾旅行。

西宁至青海湖自驾路线参考：西宁—湟源（50千米）—日月山（38千米）—倒淌河（12千米）—二郎剑景区（50千米）—黑马河（66千米）—刚察县（70千米）—金银滩原子城（80千米）—环湖东路南出口（30千米）—倒淌河镇（30千米）—西宁（100千米），总行程630千米。

内部交通 多种方式自由行

包车：青海湖及沿线的公共交通并不发达，且环湖风景非常不错，包车是多数游客的首选。西宁到青海湖的公路距离约100千米，环湖一周约360千米，包车环湖游览一天的费用约

需900元，两天约需1200元，另外也要提供随行司机的餐饮。若是旺季前往，要提前订好车辆，注意选择正规车队。

自行车：沿环湖公路骑行，需4～6天。

出租车：可选择分段乘出租车或搭车，绝大部分城镇都有不正规的出租车及摩托车，价格约是每千米2元，可砍价。

行程推荐 智慧旅行赛导游

1.青海湖一日游

一日游的线路是青海湖周边的一条小环线，走的是青海湖东边的环湖东路，共计约350千米，其中，二郎剑景区是欣赏青海湖的景色最佳地方；适合时间不充裕的游客。具体路线为：西宁—二郎剑景区—西海镇—西宁。西宁至二郎剑景区的途中会经过日月山和倒淌河，这两个也是青海知名景点，可顺便欣赏。

2.青海湖两日游

用两天的时间来游览青海湖，行程便不会太紧张。起点选择在西宁，第一天在黑马河住宿；第二天由金银滩返回西宁。

D1：西宁—二郎剑景区—黑马河

从西宁出发，在二郎剑景区赏青海湖美景，最终到达黑马河后停留住宿。

D2：黑马—西海镇—金银滩—西宁

早起在湖边看日出，经过西海镇、金银滩，可在金银滩骑马，最后返回西宁。

交通攻略

青海湖周边及西宁、附近城镇上都有很多住宿地，二郎剑景区、江西沟、黑马河乡、刚察县、西海镇是住宿聚集地。总体来说，条件一般，但可满足即便需求，宾馆内多是公共卫浴。青海湖旁边有不少环湖宾馆，一般环境不错，风景优美，且方便欣赏湖边日出。

黑马河湖缘驿站：位于黑马河乡向鸟岛方向15千米处，就在青海湖边，因位置优越、环境极好广受称赞，在房间内即可观赏到青海湖日出。房间类型多样，标准间内有独立卫浴，价格为260元左右。电话：13997440479。

牧民之家青年旅舍：位于青海湖109国道2103千米处，有4人间、6人间、7人间、12人间，房间干净舒适，氛围很好，服务热情周到，房间内可以看到湖景。6人间的价格约为每人50元。电话：0974-8519511。

美食攻略

青海湖周边多是少数民族特色饮食，以面食、牛羊肉、青稞酒、奶茶、清真食品为主，另外川味食品也很多。青藏公路沿线及青海湖附近城镇内餐馆很多，特色菜肴就是牛羊肉，一些特色小吃在很多沿湖的藏族同胞帐篷中可以吃到。但这里的美食并不像大城市那样随处都是，多是随走随遇。推荐品尝手抓羊肉、老酸奶、面片、牦牛肉干等。

购物攻略

青海湖周边的购物可选择当地特产及特色民族装饰品，不少饰品都极具少数民族风情，可作为不错的纪念。购物地推荐黑马河乡，物品种类多样，但也参差不齐，须仔细分辨。

藏麻：青海有名的甜食辅料，含有丰富的维生素和钙、磷、铁等无机盐，可用来做精、制酒；其根可做稀饭，鲜美可口，营养丰富。

冬虫夏草：青海的名贵特产，是一种极其名贵的滋补药材，与人参、鹿茸并列为“三大补品”，有补肺、益肾、治虚损、止血化痰等多种功能，营养价值极高。

二郎剑景区

青海湖第一景区

微印象

@叶子妈咪呀 二郎剑景区天气变化无常，乌云被风吹过来就下雨，太阳出来就放晴，彩虹出来很美，绚丽耀眼冷的时候套四件衣服手脚冰凉，湖里的鱼儿自由自在地游着，景好心情也好，久违的假期。

@小马马的皮皮猴 青海湖二郎剑景区风景真的很好，那天蓝蓝、云白白、水清清，不是能用语言表达的，是照片也无法完全记录的美。

门票和开放时间

门票：4月16日—10月19日100元，10月20日至次年4月15日50元。

开放时间：全天开放。

进入景区交通

位置：海北藏族自治州刚察县青海湖东南部。

交通：

1.西宁火车站有一班直接开往青海湖景区的班车，票价400元，约6个小时。

2.可以乘坐西宁市发往哈图、乌兰的汽车，到青海湖景区处下车（提前和售票员沟通好），票价40~70不等。

景点星级

美丽★★★★★　浪漫★★★★　特色★★★★　休闲★★★　人文★★★　刺激★★

二郎剑景区因酷似一把长剑而得名。它是一处狭长的陆地堤带，自南向北没入青海湖中，因而是观赏青海湖的主流景区。整个景区处二郎剑外，还有151基地等其他景区。

1 二郎剑

二郎剑是青海湖旅游区中的一颗耀眼明珠，它蜿蜒深入青海湖中，有草原、沙滩、动物为主的生态自然资源，有内容丰富的民间文化活动。目前建有观鸟台、观鹿园、观海桥、观海亭为组合的观赏区，以码头广场、“吉祥四瑞”雕塑为组合的休闲区，以水上摩托、自驾游艇为活动内容的水上娱乐区等。这里是观赏青海湖的最好位置，既可以看到青海湖小巧玲珑的湖泊景观，又可以看到它如大海般大气宁静的一面。

二郎剑景区示意图

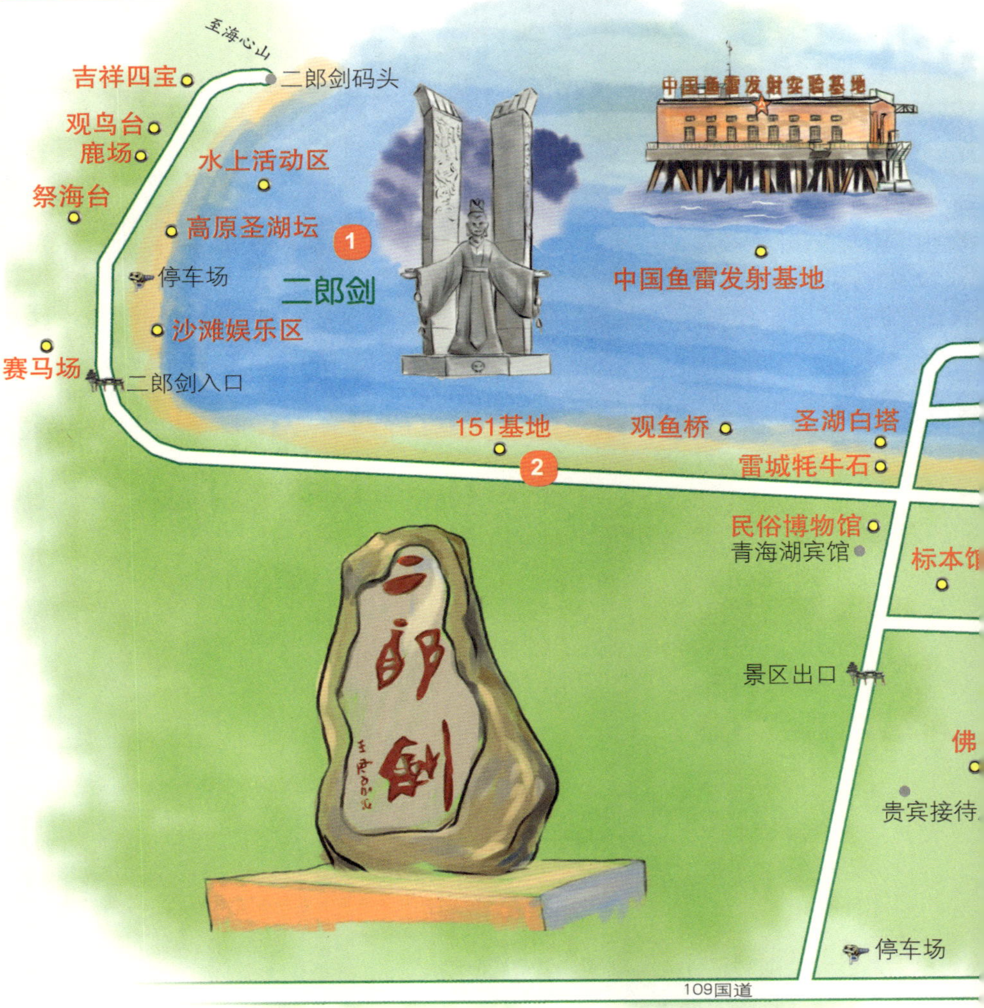

攻略

环保车：从景区大门到湖边有6千米的路，可乘景区环保车游览，每人10元；或在湖边乘游艇，每人50元，抵达二郎剑景区。需要提醒的是，在支付过游艇费用后，可免费搭乘环保车。建议来回选择不同交通工具，可以欣赏到不同的景色。

故事 二郎剑由来的传说

二郎剑景区的藏语名“朗千且瓦”，就是一对象牙的意思。相传很早以前，一头巨象不知从何处散游来到野摩塘草原，因为不适应这里的水土，最后死在了湖滨，它那巨大的象牙掉在这里，逐渐形成了由南向北的两条沙堤，因形状酷似一把长剑，于是被称为“二郎剑”。

2 151基地

151基地是二郎剑景区的主景区，曾是我国第一个鱼雷发射的试验基地。景区大门位于109国道边，是青海湖的第一景区，也是除鸟岛外，旅行团带客参观青海湖景区的必到之地。

小贴士

151基地的门票是每人100元，去过的游客都说进去的意义不大。如果是自由行游青海湖的话，想要走到湖边，可以走小路，虽然一般有当地人把守，但是可以事先请个当地司机陪同游览，这样一辆车基本20元就可以开过去。

攻略

在旅游旺季来景区，经常会看到当地小孩要求收费合影，作为一个负责任的旅行者，最好予以拒绝；同样，作为负责任的旅行者，在青海湖周围旅行请遵守青海湖环保小手册。

3 海心山

海心山俗称湖心岛，古称仙山、龙驹岛，位于青海湖心偏南，距南岸30多千米处。全岛东西长，南北宽，状如螺壳。山体由花岗岩和片麻岩构成，略呈乳白色，山顶高出湖面数十米。海心山周边草木旺盛，湖水清澈，环境幽雅，风景旖旎；天气晴朗之时，登高远眺，可见岛屿如雪浪般漂浮，周边海阔天空，水天相接，如入仙境。于海心山的顶端可俯瞰青海湖全貌。夏季旅行者可从二郎剑或鸟岛坐船前往，冬季青海湖结冻，可乘车抵达。

乘坐热气球缓缓升高，蓝天白云仿佛近在咫尺，还能俯瞰青海湖与草场、花田构成的优美风景画。

青海湖
Qinghai Lake
青海湖

住宿 驴友力荐的住宿地

二郎剑景区条件稍好的宾馆有青海湖宾馆、帐房宾馆，价格在400元左右。景区外也有住宿的地方，但条件稍差，价格在100~200元。

青海湖宾馆：青海湖的三星级宾馆，老板是重庆人，这一栋2层楼的建筑，临湖而居，所有双号的房间窗外就是蔚蓝的湖水，非常适合想要早晨拍摄青海湖日出的旅客。电话：0974–8519686。

青海湖假日酒店位于：二郎剑景区，房间干净整洁，交通便利，有停车场，特别给力的是房间的暖气和热水。 电话0974–8510555。

尚客优连锁酒店：位于151景区，景区门口推窗见湖，房间干净安静就餐方便，老板服务态度很好。 电话0974–8519521。

美食 饕餮一族新发现

151基地有简单的餐饮提供，但价格较高。

宴海宫：是景区唯一具有浓郁民族特色的大型餐饮城。游客就餐的同时还可以体验到青海湖独特的民族风情，品尝到原汁原味的民族套餐，并且还能根据客人需要举行民族歌舞、敬酒、献哈达等活动。若是想要举办篝火晚会，需要提前预订。电话：0974–8519566。

锅塌：青海的家常面食，一种底部似烙饼、上部似蒸馍的食物，因是采用焖、烙两种方法做成，以焖为主，以烙为辅，膨松酥软，味道极好。

狗浇尿：是一种用青油煎的薄饼， 因烙制时，要边烙边沿锅的四周反复地浇少许青油，动作酷似狗在撒尿而得名狗浇尿。虽名字不雅，但色泽金黄美观，味道甜香柔软，在青海颇受欢迎，很多当地餐厅都将其作为特色美食推荐。2010年世博会时，狗浇尿还曾作为青海风味小吃参加世博会，并获得另外一个名字“青海甘蓝饼”。

仙女湾景区

青海湖最感染人的地方

微印象

@yinyan 很美的湿地，木栈道、成排的转经筒、祭海台、巨大的经幡、兽骨堆，很有感觉，值得去看一看。我们过去的时候几乎是包场，没有游客，身边的飞鸟、湖里的游鱼、悠长的栈道，真的应该待上几个小时。

@三堂 仙女湾景区是国家二级保护动物大天鹅的故乡，秋冬季节会有数千只大天鹅在此栖息。

门票和开放时间

门票：60元。

开放时间：9:00~18:00。

最佳旅游时间

游览仙女湾的最佳时间是6—10月，这一段时间仙女湾湿地就会成为“花的海洋”，届时这里会绽放出不同颜色的花卉，红的、黄的，就像是大自然亲手编织的地毯，非常壮观。另外，想要看大天鹅的话，可以在秋冬季节来。

进入景区交通

位置：海北藏族自治州刚察县县城正南16千米。

交通：西宁客运中心每天有汽车发往刚察，到刚察县后再包车前往景区。

景点星级

美丽★★★★　浪漫★★★★　休闲★★★　特色★★★　人文★★　刺激★★

仙女湾景区是青海湖一处著名湿地，也是青海湖最具观光价值的区域之一。这里是鸟的天堂、大天鹅的故乡。每年有多种鸟类来此栖息，包括斑头雁、鱼鸥、鸬鹚以及国家一级保护动物黑颈鹤等，尤其是在秋冬季会有1500只左右的大天鹅来此越冬，可供观鸟和摄影爱好者进行观鸟摄影活动。

除此，仙女湾还有着浓郁的宗教文化和历史传说，是藏族传统的祭海圣地。它被定义为“青海湖最感染人的地方”，以绚丽的高原草甸湿地、多彩的藏民族文化风情，以及水、鸟、鱼为依托，展现出青海湖的生态和人文画卷，使这里成为了集高原湿地生态体验和祭海文化为一体的旅游景区。

点赞 dryadwei　进去仙女湾景区，先路过两边开满野花的草地，然后路过一个大的祭海台和数个经幡，来到木栈道。木栈道从岸边跨过湿地直接延伸到青海湖中间，湿地可以看到一些黑白相间的水鸟，到达终点可以脱鞋踏到湖水里。

解说

青海湖在历史上一直被视为仙海，历代都有“祭海”的活动。仙女湾就是当地信教群众的祭海之地。从每年4月开始，当地的寺院僧侣、信教群众都会到此煨桑朝拜，以此来净化湖水。对这一活动，藏族人很重视，他们相信这不仅仅是对神灵和神湖的祭祀，同时更重要的意义是净化自己，保佑自己和家人朋友们，实现自己心里的愿望。一般“煨桑”时，最忌讳的是向湖内抛洒不干净的赃物和在泉眼旁乱挖石土。

故事　仙女湾得名的两种传说

第一种：据说仙女湾是西王母设宴邀请中原天子穆天子相会的地方。诗歌《瑶池》中写道：“瑶池阿母绮窗开，黄竹歌声动地哀。八骏日行三万里，穆王何事不重来。”很早以前，就有传言说中原天子和西天王母之间有很深的感情。这首诗却告诉我们西王母迟迟未能等到心上人的到来，于是派这些天鹅仙女的化身每年飞到这里，向世人展示，由此得名“仙女湾”。

第二种：传说六世达赖喇嘛仓央嘉措途经青海湖边，被这里透明的湖光大自然吸引，他仿佛听到了神在呼唤他，于是踏浪入海。此时，女性的青海湖顿显神灵，仙女奏琴吹唢，仙鹤结群飞舞，大师就这样消失了。当然也有说法是他随着众仙子赴天上仙境了。于是，这里就有了“仙女湾”的名字。

攻略

住宿 驴友力荐的住宿地

在仙女湾景区游览，可选择刚察县城作为住宿点。刚察县城距仙女湾景区约16千米，城内有包括酒店、宾馆、招待所等在内的各种住宿地。

鸿湖大酒店：位于刚察县东大街8号，不仅环境幽雅，房间温馨干净，景色也非常不错，且交通方便，餐厅饭菜可口，是休闲度假的良好选择。电话：0970-8652551。

蕃域藏城林卡酒店：位于刚察县沙流河镇南大街湟鱼家园附近，酒店建筑颇具民族特色，房间干净卫生十分安静，早餐特别丰盛，酒店周边环境好。电话0970-7649555。

美食 饕餮一族新发现

仙女湾景区附近主要是藏族居民，饮食也以藏族餐饮为主，用餐地集中在刚察县。

青稞炒面：藏语称“糌粑”，吃时先在碗里放一块酥油，加少许热茶化开，再放入炒面，少许奶渣，爱吃甜味的人加入糖，用手拌匀捏成小块吃。

血肠：香肠的一种，因里面灌的不只是鲜肉，还有动物的血而得名。血肠吃时不碎不渣不脱皮，清香软嫩，不腻不柴。初次尝试可能会觉得怪异。

老马师烤羊肉面食馆：位于刚察县南大街34号的一家民族特色饭店，烤羊肉串味道很不错，没有膻味，量也足。

娱乐 为行程增光添彩

1.青海湖属于高原大陆性气候，光照充足，紫外线很强，冬寒夏凉，春季多大风和沙尘，雨量偏少，湖区东部和南部气温稍高，西部和北部稍低。旅客去时要准备防晒霜和外套，并采取相应的防晒和补充水分措施。

2.拍摄青海湖最佳地点和时间如下表所示，如有摄影爱好者可以参考：

景观	最佳地点	时间
青海湖日出	黑马河、鸟岛景区鸬鹚岛观景台	夏秋季5:30~6:30，冬春季6:30~7:30
青海湖日落	环湖东路耳海	旺季20:30~21:30，淡季18:30~19:30
青海湖全景	南山观景台	全天
青海湖油菜花	二郎剑景区、南岸109国道北	7月中旬
青海湖封湖	二郎剑景区、鸟岛景区	1月
青海湖开湖	二郎剑景区、鸟岛景区	4月初
青海湖大天鹅	鸟岛、仙女湾、泉湾尕日拉等地区	11月至次年3月

西海镇

鲜为人知的神秘禁区

微印象

@marshallmu 西海镇原系中国第一个核武器研制基地，这块鲜为人知的神秘禁区，孕育了新中国第一颗原子弹、氢弹，为打破国际敌对势力的讹诈，振军威，扬国威做出了不朽的功绩。

@linpingcao 西海镇是王洛宾创作歌曲的地方，很多骑友会在这里出发顺时针环湖，住宿条件在青海湖一圈中算是上等。

门票和开放时间

门票：进入原子城可以购买青海金银滩套票，套票160元/人。

开放时间：镇区全天开放，各纪念馆及景点等开放时间约为8:30~18:00。

进入景区交通

位置：海北藏族自治州海晏县西海镇。

交通：在西宁客运中心有直达西海镇的班车，票价25元，车程2个小时左右。

景点星级

人文★★★★　特色★★★　休闲★★★　刺激★★　美丽★　浪漫★

西海镇是青海湖附近的一个小城镇。熟悉中国历史的人应该知道，西海镇是中国两弹的诞生地，曾是鲜为人知的军事禁区。

独特的民俗风情、美丽的草原、俊美的山川构成了西海镇独特的人文景观和自然景观，使其成为青海省重要的旅游景区之一。

解说

1964年10月16日下午3时，中国第一颗原子弹在新疆罗布泊爆炸成功，这朵渐渐升起的蘑菇云打破了当时西方资本主义对新中国的核封锁，有力地保障了当时还很弱小的新中国的国防安全。而中国第一颗原子弹、氢弹就是在这里研制成功的。

链接　原子城

原子城实际上是西海镇的另一个称呼。在20世纪50年代，中国的最高决策者们提出“中国不能没有原子弹”，于是中国踏上了研制原子弹的艰苦历程。在选址的过程中，经过再三斟酌，海盐县的金银滩被选中，对外称221厂。这里成为了我国第一个核武器研制基地，倾注了老一辈无产阶级和新中国第一代科学家的心血，最终成功研制了中国第一颗原子弹。

1987年6月，根据国家战略部署的调整，国营221厂被撤销，但是为了纪念这里的伟大意义，西海镇旁竖立了一块纪念碑。现在的原子城，依然完好无损地保存着被称为“亚洲第一坑”的填埋坑和爆破试验场等遗迹供游人参观。

1 爆轰试验场

爆轰试验场是位于藏家风情苑西北方的几座小小的堡垒形半掩埋式平房，专门用来爆轰试验的场所，由6个整体浇筑的钢筋混凝土机械室、炸药或武器存放室等构筑物组成的试验工号，及1个天然临时试验靶场、2个试验废物掩埋坑等三部分构成。当时主要是分别进行爆轰冲击波试验、核武器试验、常规武器等试验。

点赞 妮妮章　爆轰试验场有一堵面对爆轰方向的钢板试验墙，差不多2厘米厚，用来抵挡原子弹试爆辐射，钢板上留有多个观测孔。看着如今已生锈的钢板上那密密麻麻的弹痕，很是能体会到当年试验的惊险与震撼。

小贴士

爆轰试验场有3个展厅，通过实物、蜡像、模型、图片、影像等手段，生动展现了当时进行各项爆轰试验的工作场景。

2 原子城纪念馆

原子城纪念馆是一座记录221厂沧桑历程的场馆，共有“历史抉择”“激情岁月”“勇攀高峰”“东方巨响”和“共和国的记忆”等5个展厅，是“青海原子城国家级爱国主义教育示范基地”。

小贴士

1.纪念馆第三展厅中陈列了一个反映221厂全貌的巨型号沙盘和诸多制作原子弹所必需的仪器和器械，喜欢军事的朋友估计很感兴趣。

2. 东风二号导弹是纪念馆的镇馆之宝，它不仅是当年那段峥嵘历史的见证，更是因为1966年10月27日就是这枚导弹在我国本土完成了带核空中爆炸试验，历史价值极高。

> **点赞** 蘑菇张-NKU 这座曾经的国家秘密基地已经没了往日的神秘感，一排排按照工厂住宿设计的居民楼还在原地，但多数居民都在西宁市里工作，只有周末才回来休息。大多数时间，这里就像是一座空城。

3 金银滩

金银滩是一片广阔的大草原，西部同宝山与青海湖相临，北、东部被高山峻岭环绕，南部与海晏县三角城接壤，中间是贯穿的麻皮河和哈利津河，可谓是典型的牧区。

这里的天，蓝得醉人；这里的云，白得可心；这里的山，美得如画，加上浮云般的羊群、棕黑相间的牦牛，星星点点地徜徉在青草和野花丛中，不时还有穿着藏服的藏族同胞从远处缓缓骑来。置身其中，人的心情会变得格外舒适与恬静。

攻略

金银滩景区是藏乡举行"六月会"的场地，每年农历六月十六日至二十五日，在跳神者的带领下藏族同胞会举行大型的祭祀活动。另外，这里每年还会举办藏系羔羊美食文化节、王洛宾音乐艺术节等活动。

王洛宾音乐艺术馆：王洛宾是著名音乐艺术家，代表作《在那遥远的地方》，艺术馆集中陈列了关于王洛宾的大量照片、实物及200余件不同时期的歌曲、歌剧手稿，是全国最大规模的集中体现王洛宾音乐文化和西部音乐的艺术馆。

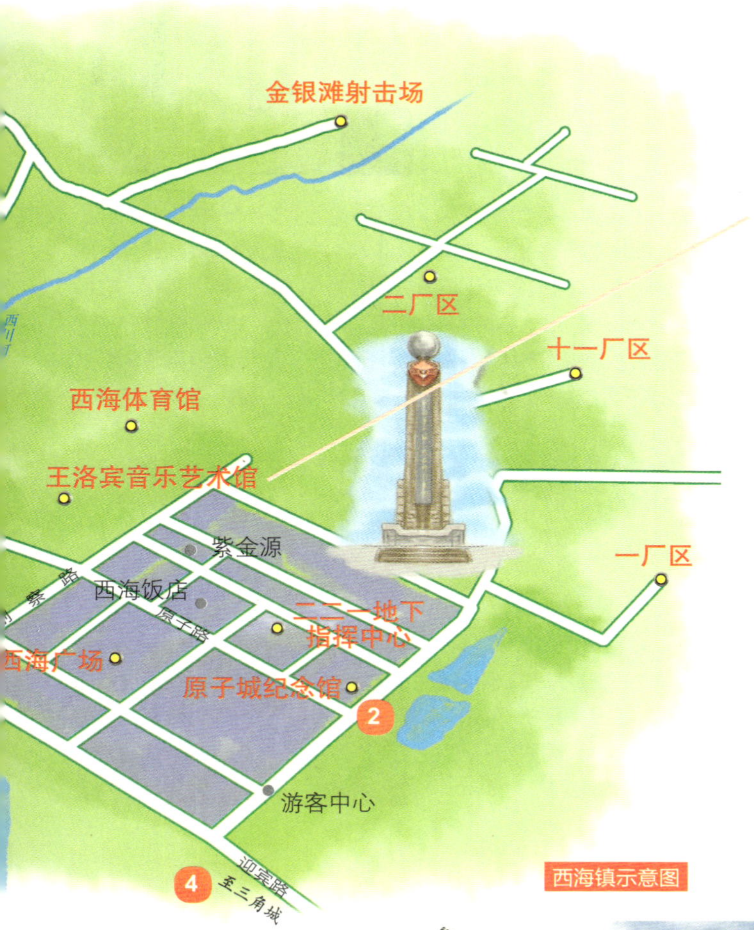

西海镇示意图

4 三角城

三角城是金银滩上的一处古代遗址，据《汉书》记载这里是西汉时期西海郡的位置。新中国成立前，三角城出土过一尊刻有“西海郡始建国口河南”九字的石虎；1958年，考古专家在此采集到西汉和王莽时期的五铢钱、货布、货泉、大泉五十钱等币钱，以及东汉时期的《西海安定元兴元年作当》铭文瓦当等，即印证了这段历史的正确性。

点赞 诺即诺离 据说三角城是因城西北隅有不规则的三角形高台而得名。城内有一些石筑墙基残存，地面上陶片、残砖较多，还有石斧、石刀、石纺轮等，与柳湖墩遗址“沙井文化”类型相似。

攻略

住宿 驴友力荐的住宿地

西海镇因为是环青海湖骑行的起点，住宿旅馆很多，既有价格便宜的一般宾馆，又有舒适干净的星级酒店。不过，性价比没有西宁市区高，对环境卫生也不要抱太大的希望。

正大睿品酒店：位于海晏县西海镇商业巷7号，海晏的中心地带，周围有原子城纪念馆和王洛宾音乐纪念馆，门口就是市场，很方便，客房条件也不错。电话0970-7649789 。

银滩商务宾馆：位于海晏县西海镇刚察路78号，新开不久的宾馆，各项设施条件都不错，对年轻人来说，最主要的是有无线网，而且还有在西海镇宾馆中很少见到的电梯。电话：0970-5960199。

自行车骑兵营：主要是为驴友提供简单歇脚之地，住宿条件较为简陋，但是可以提供自行车租赁业务。电话：0970-8642113。

美食 饕餮一族新发现

青海湖周围居住人口以藏族和回族为主，饮食方面也多为藏式风味和清真风味，主要是面片、面条、牛羊肉等，但因运输不便，价格偏贵。汉族饭菜以四川风味居多，味道浓郁，一般游客都能吃惯。

行程推荐 智慧旅行赛导游

青海湖小环线一日游路线：西宁—湟源—日月山—倒淌河—二郎剑景区（151基地）—沙岛景区—西海镇—西宁。

青海湖大环线二日游路线：D1.西宁—湟源—日月山—倒淌河—二郎剑景区（151基地）—黑马河—茶卡；D2.茶卡—黑马河—鸟岛—刚察—沙岛景区—西海镇—西宁。

特别提示

❶ 在任何清真餐厅就餐，一定要尊重他们的宗教信仰，除了不要带入外食外，还要做到不饮酒、不浪费食物等。

❷ 藏族同胞集聚区的酥油茶不太适合内地人肠胃，最好少喝。但是，当地藏族同胞待客时，有将空碗的酥油茶重新添满的习俗，为了既不伤害藏族同胞感情，又能保护自己，建议碗内保持三分之二满。

❸ 青海湖的无鳞湟鱼严禁捕杀，切记不要以任何形式和借口去吃。

金银滩

专题

环青海湖国际公路自行车赛

青海湖曾被《中国国家地理》杂志评为中国最美的五大湖之一，环湖风光雄奇壮美，旖旋迷人，吸引了很多骑行爱好者环湖骑行。环湖赛从2002年开始，经国际自行车联盟批准，环湖赛为2.HC级，是亚洲顶级赛事，也是世界上最高海拔的国际性公路自行车赛，仅次于环法赛、环意大利赛、环西班牙赛等职业巡回赛。而且，这里的环湖公路也是国内平均海拔最高的公路，路况良好，常让人情不自禁地与地面亲密接触。

青海湖每年的公路赛都有来自世界五大洲的几十支运动队100多名运动员参加，比赛总距离1350多千米，平均海拔3000多米，赛程10天，奖金总额30万美元。比赛线路设计以碧波浩瀚、鸟翼如云的青海湖为中心，并向周边地区延伸，沿途自然风光雄奇壮美，旖旋迷人。

最佳骑行时间

每年7至8月，这是青海湖最美的季节，参赛者会看到成片的油菜花海，甚为壮观。

环湖公路线路

线路1.西海镇—环湖东路：全长57千米，路况很好，只是在刚出西海镇时会有一段很长的上坡路要走。

线路2.环湖东路与109国道岔路口—黑马河乡：全程88.3千米，这段路车流量较大，大货车比较多，路况没有线路1好，骑友要注意安全，尽量靠边骑行。

线路3.环湖西路—315国道岔路口：全长75.8千米，路况与环湖东路一样，很不错。

线路4.315国道—西海镇：全长138千米，是一段全柏油路面，路况好，车流量大，尤其大货车多，一定要注意安全。

环湖骑行行程规划

规划1.三天行程：D1.西海镇—151基地—江西沟；D2.江西沟—布哈河—泉吉乡；D3.泉吉乡—刚察—西海镇。

规划2.四天行程：D1.西海镇—湖东种羊场—151基地（二郎剑景区）；D2.151基地—江西沟—黑马河—布哈河（鸟岛）；D3.布哈河—泉吉乡—刚察—哈尔盖；D4.哈尔盖—西海镇。

规划3.五天行程：D1.西海镇—151基地（二郎剑景区）；D2.151基地—江西沟—黑马河；D3.黑马河—布哈河；D4.布哈河—刚察（或哈尔盖）；D5.刚察（或哈尔盖）—西海镇。

骑行须带装备

1.生活用品：衣服，如冲锋衣裤、速干衣裤、长（短）袖T恤；鞋类，如透气防水登山鞋、备用鞋、袜子等；洗漱用品；墨镜、骑行手套、硅胶坐垫、头盔、魔术巾等。

2.食品：巧克力、脆脆鲨、蛋黄派、红牛功能饮料、葡萄糖粉、佳得乐等补充体力的食品。

3.银行卡：建议带邮政储蓄卡，服务点比较多，更方便。

4.报纸：可以多带点报纸，垫在自行车货架与包之间作为隔离，不然包很容易磨破。

食物补给

大点的乡镇都会有饭店、商店等，但因为这里运送成本过高，饭菜的价格大都较贵。骑行的沿途会看到很多帐篷商品，那里面会有水和食物，价格不是很贵，不过要注意看清楚商品外包装和保质期，有很多“山寨货”。值得一提的是，藏族同胞自制的酸奶不错，3元左右一碗，休息时可以顺带尝尝。

摄影

1.骑行的路上风景最美的地方在环湖西路，这里有一段距离青海湖很近，不过只要你的脚踩到了公路路沿，当地的藏族同胞就会收取10元的拍照费。人多的话可以讲讲价，毕竟像这么近距离拍摄青海湖的机会很难得。

2.油菜花海漂亮的地方基本上都会有藏族同胞收费，特别是315国道处有大片油菜花，很是壮观，喜欢的骑友可以讲价。若是觉得没必要，可以在下午去没有帐篷的地方拍照，这时不会有人收费。需要提醒的是，骑车途中千万不要拍照，若是想要拍照一定要停下再拍，确保自身安全。

小贴士

1.骑行时要注意保持节奏，不要因为过于兴奋而骑得太快，经过环湖东路的上坡时，要记得保存好体力，计算好时间。

2.109国道车比较多，路况也不是很好，在7月时青海湖21:00后才天黑，建议骑友尽量在这之前赶到目的地，以免夜晚骑行不安全。

3.若是组队骑行的话，最好按实际骑行时的体力和速度自由分配，两人一组最佳，千万别平行骑行，以免发生危险。骑行较快的骑友可以在10千米左右的距离下停在路边休息或拍照，等待后面队友的到来。

4.黑马河乡一个指示牌标注的信息是从黑马河到鸟岛为70千米，这是指直接到达鸟岛景区的距离，实际上骑友真正骑行的路程没有这么长，只有50千米，因为只是骑到布哈河就可以了。

5.环湖西路73千米处是最后一次近距离接触青海湖，再往后骑行就不会再看见湖面了，所以没看够湖水的骑友，在这里可以多停留一阵。

6.羊群集体穿过马路的情景，是环湖时常见的风景，场面很壮观，但是对骑友来说，如果碰到了羊群，最好还是远远观看，待羊群通过马路后再前行，以免与当地人发生冲突。

第4章 青藏铁路

茶卡盐湖

德令哈

察尔汗盐湖

格尔木昆仑文化旅游区

唐古拉山乡

可可西里自然保护区

青海深度游 Follow Me ★★★ 慢旅行的倡导者

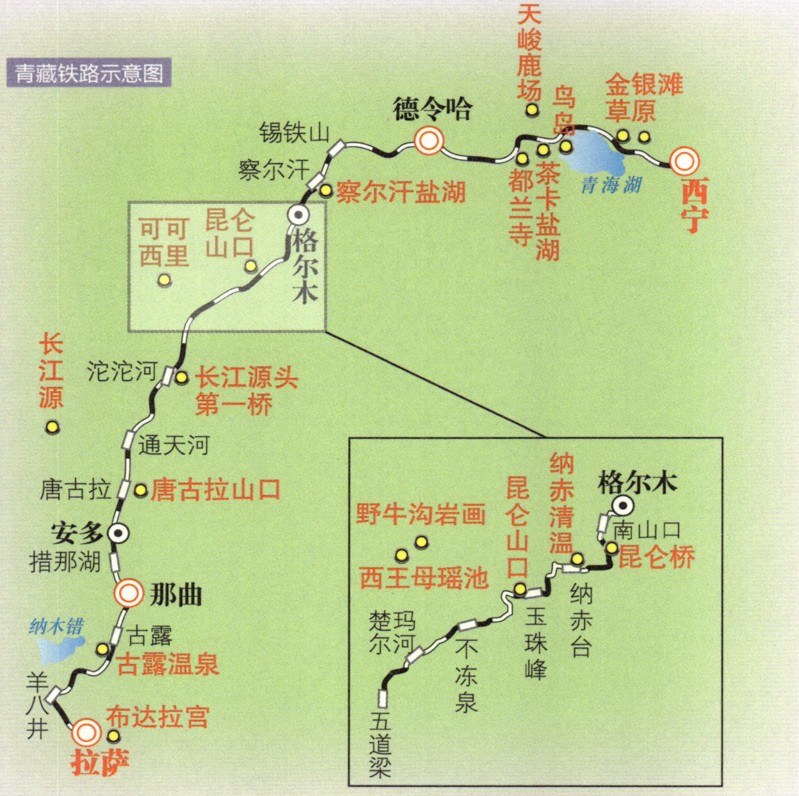

青藏铁路，东起青海西宁市，南至西藏拉萨市，全长1956千米，是实施西部大开发战略的标志性工程，也是中国新世纪四大工程之一，已于2006年7月1日正式通车运营。因线路大部分处于高海拔地区和“无人区”，自然环境极其恶劣，其建成被视为奇迹，人们以“天路”来赞誉它。

青藏铁路格途经纳赤台、五道梁、沱沱河、雁石坪，翻越唐古拉山，再经西藏自治区安多、那曲、当雄、羊八井到拉萨，经过了青海湖景观带、昆仑山景观带、长江源景观带、羌塘草原景观带、那曲、拉萨景观带，一路景点众多，美景不绝。沿此线路旅行，不仅可欣赏青海、西藏地区的自然、人文景观，并可充分感受藏族同胞集聚区特色的民族风情和宗教文化。

在青海境内，青藏铁路沿途的主要景点有青海湖、茶卡盐湖、察尔汗盐湖、格尔木昆仑文化旅游区、可可西里自然保护区、沱沱河、五道梁、唐古拉山等。

茶卡盐湖

美丽的天空之镜

微印象

@风语使者 茶卡盐湖是一个很有特色的地方，风景很漂亮，没风时湖泊就像一面铺在大地上的镜子，蓝色天空，朵朵白云下，雪白的湖底，碧蓝的湖水，给人留下的是绝美的记忆；观光小火车还有几分复古文艺的感觉，一切都是绝妙。

@绿子 有人将茶卡盐湖归为青海除青海湖以外最该去的地方，我认为这是对茶卡盐湖最好的评价。那晚在茶卡盐湖，满天繁星，我仿佛看到了电影里的某个画面，一切都被定格了。湖好看，天好看，盐更好看。

门票和开放时间

门票：旺季：门票60元，小火车（单程）50元；淡季：门票30元，小火车（单程）50元。

开放时间：7:00~21:00。

最佳旅游时间

茶卡盐湖的最佳游览时间为6—9月，此时节气候温暖，天气适宜，景色也非常漂亮。

进入景区交通

位置：青海省海西蒙古族藏族自治州乌兰县茶卡镇盐湖路9号。

交通：

1.长途汽车：西宁大厦每天早上6点有一班直达茶卡盐湖的大巴，约9小时，票价478元。此外西宁客运中心有多趟前往茶卡的班车，票价65.5元。

2.包车：环游青海湖时中途会经过茶卡盐湖，从西宁包小车环青海湖每辆每天400元左右，一般需要2—3天。

景点星级

美丽★★★★　浪漫★★★★　休闲★★★　特色★★★　人文★★★　刺激★

茶卡盐湖位于柴达木盆地东部边缘，黑马河乡以西，有柴达木东大门之称，古代这里是丝绸之路上的一大重要站点，也是商贾、游客进疆入藏的必经之地。在藏语里，茶卡盐湖意为“盐海之滨”，如名字所示，它是柴达木盆地有名的天然结晶盐湖，其盐储量可供全国人民使用约75年。

茶卡盐湖面积巨大，景色优美；湖面时而碧波荡漾，莽莽苍苍，时而宁静祥和，容秀丽、壮美于一体，极具特色。有观光小火车通往湖心区，在那里可以看到现代化大型采盐船采盐时喷水吞珠的壮丽场景，并能欣赏到美丽的盐湖日出和绚烂晚霞。

小贴士

徒步在湖面上行走时，注意不要离铁轨太远，以免掉到盐湖中。另外，最好选择早晚时候去，因中午阳光很强烈，最好准备好防晒的物品。

攻略

乘坐观光小火车深入湖心区域是多数游客到茶卡盐湖必做的事，在这里，了解盐湖奇观，观看采盐船采盐的壮观场景，透过湖水欣赏各异盐花，是非常独特的体验。若有兴致，不可错过盐湖日出，看湖面涨潮后的澎湃盐涛奇观。

可以与青海湖一同游览，从青海湖自驾到插卡盐湖约2小时。

攻略

住宿 驴友力荐的住宿地

去茶卡盐湖旅行可选择在乌兰县茶卡镇住宿，附近有一些宾馆。因地处偏远，这里的宾馆条件相对一般，但也可满足一般旅行者的基本需求。

乌兰紫业酒店：是一家新开的酒店，在茶卡镇算不错的酒店。有干湿分离的浴室，房里有中央供暖的暖气片。门口有停车场。电话0977-7256403。

美食 饕餮一族新发现

在茶卡盐湖，可以选择到乌兰县的餐馆就餐，美食以面食、牛羊肉、酿皮、酸奶等为主，具西北风景。

驼泉美食城：位于茶卡镇交通街，近银湖宾馆，主要供应当地美食，以食物美味而出名。食物鲜美入味，口感极好，推荐品尝椒麻鸡、生炸羊排、羊肉串、白灼佛手瓜、菌汤、芥蓝等。

特别提示

因茶卡盐湖距西宁市最近，离青海湖也不远，所以很多青海游玩时间充裕的游客都会选择来这里看看。青海交通旅行社开设有青海湖、茶卡盐湖两景点的旅行线路，如自己游览不方便的话，可选择跟团，一般是两日游，夜宿其中一个景点，不过往往是报名游客达到一定人数后，才会开设这一线路，建议提前咨询。

微印象

@木烁 “姐姐，今夜我在德令哈，夜色笼罩；姐姐，我今夜只有戈壁……”海子的笔下，德令哈是荒凉的。实际上它荒凉也绚美，蓝天、河流、湖泊、街道、建筑，应该说这是一座五彩之城。

@稻香 德令哈是我青海之旅中的一个过路点，安静的小城，一天的旅行却给我留下了难忘的记忆。遇到的当地人热情友好，美丽的巴音河别具风情，站在河水湖畔时，心底某个角落被触动，真想在这里安静地待段时间。无论是因为海子，外星人的传说，还是高原小城的魅力，这里都值得一访。

门票和开放时间

门票：免费。

开放时间：全天开放。

最佳旅游时间

7—8月是德令哈的最佳旅游时间。因当地为高原山地气候，7—8月气候凉爽湿润，草木茂盛，景色为一年最美，天气也非常舒适。

进入景区交通

位置：青海省海西蒙古族藏族自治州。

交通：

1.火车：从西宁出发有多趟火车经停德令哈，全程约5小时。

2.长途汽车：西宁客运中心每天有多趟前往德令哈的长途汽车，部分班次不是每天都有。全程7小时。

3.自驾车：德令哈为青海至西藏、新疆、河西走廊交通网络上的一个重要交通枢纽，东与西宁市，西与格尔木，南与都兰、北与敦煌市相接。青新公路从德令哈南部穿过，通过德都公路与青藏公路相连。自驾车可沿青藏公路、德都公路、青新公路到德令哈。

景点星级

特色★★★★　美丽★★★★　人文★★★　休闲★★★　浪漫★★★　刺激★

在蒙古语中，德令哈意为“金色的世界”。它位于柴达木盆地东北边缘，青海省北部，平均海拔2980米，是青海省海西蒙古族藏族自治州的首府所在地，也是青海西部重要的交通枢纽。这里资源丰富、景色优美，堪称瀚海戈壁的耀眼明珠。

德令哈地域辽阔，地形复杂，山川、盆地、湖泊、绿洲、戈壁、荒漠多种地貌纵横交错，蜿蜒奔流的巴音河、悠然散落的“姊妹湖”、苍峦翠嶂的柏树山呈现多姿迷人风景。浓厚的少数民族风情，神秘的外星人文化，则为其增添别样人文之美。随着越来越多的旅行者踏足，这里正崛起为青海一大新兴旅游城市。

点赞 爱椰子的猫　正如它的名字，“金色的世界”，在瀚海戈壁上，德令哈是个神奇的存在。当我们驱车，黄昏时分接近这里的时候，蓝天、白云似在眼前，山头的夕阳将一切笼罩为金色，整个世界荒凉绚美。

❶ 海子诗歌陈列馆

海子诗歌陈列馆位于德令哈市格尔木东路，展示有青年诗人海子的代表诗作及相关资料、图片、书籍。海子于1988年在青海旅行时经过德令哈，并写下了著名的诗篇《姐姐，今夜我在德令哈》，从此海子成为德令哈的另一种象征，不少行者因此追随海子而来。为纪念海子，2012年海子诗歌陈列馆在德令哈市开馆。

点赞 春暖花开　“一首诗天堂花开，几个人尘世结缘”，这是陈列馆前的对联。与很多人一样，我是为了海子而来，陈列馆修筑得较为简单，馆内冷清，游客很少，但作为怀念海子的地方，仍值得一去。

② 褡裢湖

褡裢湖位于德令哈市西南，由克鲁克湖与托素湖组成，分列青藏铁路南北，它们一咸一淡，一大一小，如宝镜般镶嵌于戈壁荒原。传说两湖泊是由一对古时的情侣变化而成，也称“情人湖”。湖岸草木茂盛，牛羊成群，飞鸟云集，与远处的猴山、碧蓝的湖泊构成绝妙旖旎画卷。风平浪静时，湖面烟波浩渺，美丽祥和；天气变化时，则湖水澎湃，波涛汹涌，摄人心魄。

解说

每年春天，天气转暖，湖水融化时，多种珍稀野生珍禽，如黑颈鹤、斑头雁、鱼鸥、野鸭等，会从遥远的东南亚诸岛飞到褡裢湖一带建窝筑巢，生儿育女。湖中岛屿成为“鸟儿的乐园”和“蛋的世界”，褡裢湖一带也因此被国家列为自然保护区。

攻略

住宿 驴友力荐的住宿地

在德令哈市内找住宿的地方很方便，城市小，宾馆主要集中在市中心位置，比较出名的有海西宾馆、蓝天宾馆、蓝天白云大酒店、义海大酒店等。

海西宾馆：位于乌兰路15号，为德令哈少有的涉外三星级宾馆，地处市中心繁华地段，周边配套设备齐全，购物、娱乐、休闲都非常方便。房间分高、中、普通三类，环境干净舒适，适合休闲放松。电话：0977-8222781。

蓝天白云大酒店：位于柴达木东路18号，为三星级标准。周边交通便利，休闲、购物都很方便，步行5分钟左右即可到小吃街。电话：0977-8211222。

东方凯悦大酒店：位于昆仑路与天峻西路交叉口，交通十分便利。酒店设有各类温馨客房设施齐全。并配有餐厅、休闲区和停车位，提供24小时热水和宽带上网。 电话0977-8309333。

美食 饕餮一族新发现

德令哈的美食为正宗的蒙古族和藏族风味食物，如高原牧民的全羊、手抓羊肉、糌粑、奶茶等，夏秋牛奶生产旺季时，还可品尝到达拉、曲拉、酸奶。市中心餐馆很多，可选择性大。

老严烤羊肉：位于德令哈市柴达木西路34号，是海西当地著名的美食餐厅。老严烤羊肉融合了西北烤肉的精髓，食材鲜美、量大实惠值得品尝。

高原牦牛退骨肉：位于格尔木西路市政府斜对面，当地排名第一的退骨肉，很嫩很香，没有任何腥味。饭店上下两层，环境相当不错。

察尔汗盐湖

中国最大的盐湖

微印象

@追风 很美的盐湖，去的时候正好天气极好，万里无云，蓝天映在湖中是鲜艳的碧蓝色，感觉见到了最美的蓝。在湖边，看远处的雪山，心好像瞬间安静下来了。

@明之日 察尔汗盐湖有很美的盐花奇观，壮观的万丈盐桥，非常值得去。湖边的盐呈现的是不同的景色，外围是盐碱地，只有薄薄的一层盐，往里面，盐层就越变越厚，像从初雪变到厚雪。不一样的“冰雪”世界，也是不一样的“冰雪”奇观。

门票和开放时间

门票：免费。

开放时间：9:00~17:00。

最佳旅游时间

察尔汗盐湖的最佳游览时间为7—9月，当地属高原性大陆气候，7—9月温暖舒适，适宜旅行，景色也最美。

进入景区交通

位置：青海省格尔木市柴达木盆地。

交通：

1.包车：可从格尔木市区包出租车前往察尔汗盐湖，往返费用为150元左右。

2.自驾：格尔木距察尔汗盐湖约72千米，自驾约需1小时；德令哈距离察尔汗盐湖约280千米，自驾前往约需4小时。

景点星级

美丽★★★★　特色★★★★　浪漫★★★　休闲★★★　人文★★　刺激★★

察尔汗盐湖是中国最大的盐湖，在这里采盐是一件十分简单的事情。走近察尔汗盐湖，发现这里的湖水呈淡绿色，甚是独特。

察尔汗盐湖，位于柴达木盆地南部，地跨格尔木市和都兰县，由达布逊湖以及南霍布逊、北霍布逊、涩聂等盐池汇聚而成，为中国最大的盐湖，世界上最著名的内陆盐湖之一。因水分蒸发，湖面上形成坚硬的盐盖，青藏铁路直接从此穿行而过；湖内蕴含数量、种类众多的无机盐，为中国矿业基地之一。

攻略

丰富的盐资源也赋予了察尔汗盐湖拥有难得一见的盐花奇观，这里的盐花形态各异，或如珍珠、珊瑚，或如亭台楼阁、飞禽走兽，矗立于盐湖中，一片片，一丛丛，若白色浮雕，将盐湖装点成美丽的仙境世界。很多游客到察尔汗盐湖都是为观看这若上帝精雕细刻的盐花奇观。

万丈盐桥位于察尔汗盐湖之上，是一座由厚达15~18米的盐盖构成的天然盐桥，全长32千米，折合市制可达万丈。盐桥将察尔汗盐湖从中间劈成两半，旁无护栏，下无桥墩、流水，如玉带飘于湖面。构成柴达木盆地的一大奇观。桥面光滑整洁，与山色湖光相映，堪称“举世无双”。

故事 察尔汗盐湖的传说

在察尔汗流传着这样一个传说：在很久之前，察尔汗遍地都是金银珠宝，当地的山神魔怪们为了争夺金银珠宝而连年争战，给当地带来了很大的灾难。仙居昆仑山深处的西王母得知后，决心解决此事，于是命令司水神放下天水，将金银珠宝都淹没，让山神魔怪们拿不到，以留给人间的后代，于是形成了察尔汗盐湖。

攻略

住宿 驴友力荐的住宿地

与察尔汗盐湖相距最近的城市是格尔木市，去察尔汗盐湖游览可选择在格尔木市住宿。市内有豪华、经济等的多种酒店可供选择。

格尔木西源假日宾馆：位于江源中路89号，房间种类多样，环境宽敞干净，配套设施齐全，并有免费停车场提供。酒店地理位置优越，周边交通、购物都很方便。电话：0979-7269988。

美食 饕餮一族新发现

察尔汗盐湖附近品尝美食最佳的去处是格尔木市，主要美食是极具当地风味的酿皮、面食、牛羊肉、酸羊奶等。格尔木市内有不少餐馆，游客可根据自己的喜好选择，食物大多价格实惠，美味正宗。

老字号尕妥烤羊肉馆：位于格尔木市八一中路，是当地名气很高的一家老字号羊肉馆。特色美食如烤羊肉串、烤腰子、烤板筋，味道鲜美正宗，很值得外地人一试。

格尔木 昆仑文化旅游区

巍峨昆仑　人间仙境

微印象

@好孩子 昆仑山之旅是整个青海之旅的亮点，在这里我见到了巍峨的昆仑山，孕育了万里长江的沱沱河，美丽的雪山景致，不断看到新的风景，也不断被震撼，充分感受了真正的高原、高山魅力。

@木槿花开 我们自驾在格尔木昆仑山文化旅游区游览，遇到了轻微的高原反应，呼啸的狂风，但这丝毫没有影响我们的兴致，新奇的美景令人激动，看着湛蓝天空下的洁白雪山，高耸山脉，感觉像是到了最接近天空的地方，似乎所有的愿望都能实现。

门票和开放时间

门票：50元。开放时间：全天。

最佳旅游时间

格尔木昆仑文化旅游区的最佳旅游时间为6—9月，因此时气候温暖，温度适宜，最适合旅行。

进入景区交通

位置：青海省海西蒙古族藏族自治州格尔木市。

交通：

1.长途汽车：西宁客运中心有到格尔木的大巴车，票价167元。西宁也有到格尔木的火车，全程约8小时，票价84元起。

2.自驾：从西宁到格尔木全程800余千米，行程11个多小时。

景点星级

美丽★★★★　浪漫★★★★　休闲★★★★　特色★★★★　人文★★★　刺激★★

格尔木昆仑文化旅游区地处柴达木盆地，背靠昆仑山，依托“万山之祖”昆仑山厚重的文化底蕴与“聚宝盆”柴达木盆地丰富的资源而崛起。这里集工业旅游、寻根朝觐、登山探险、历史探古、文化旅游等于一体，包括昆仑山、盐湖（含雅丹地貌）、胡杨林、民族风情园等景点，是青藏铁路世界顶级旅游带上以原生态旅游资源为主的自然和人文旅游景观最为丰富壮美的区段之一。

昆仑山古称中华“龙祖之脉”，山体高大雄壮，山上万壑纵横、雪峰连绵珍禽、异兽时有出没……巍峨中蕴含壮美、神秘，仙境般的瑶池风景区为其增添一段段浪漫神话，突兀雄起的玉珠峰，造就奇特冰雪奇观，诱惑世界各地的登山爱好者前来探险。不少文人墨客都对其有景仰之情，李白曾为其写下“若非群玉山头见，会向瑶台月下逢”的美诗，毛主席也曾以“横空出世，莽昆仑”来歌颂它。

格尔木旅游交通示意图

攻略

1.自驾进入山区要注意安全，不少地方路况不好。
2.昆仑山景色多姿，春、夏、秋、冬各有魅力，且景区很大，前去旅行要多留出些时间。
3.若一个人旅行的话，要多做些准备，做到对各景区概况有所了解，以便游览更加方便。

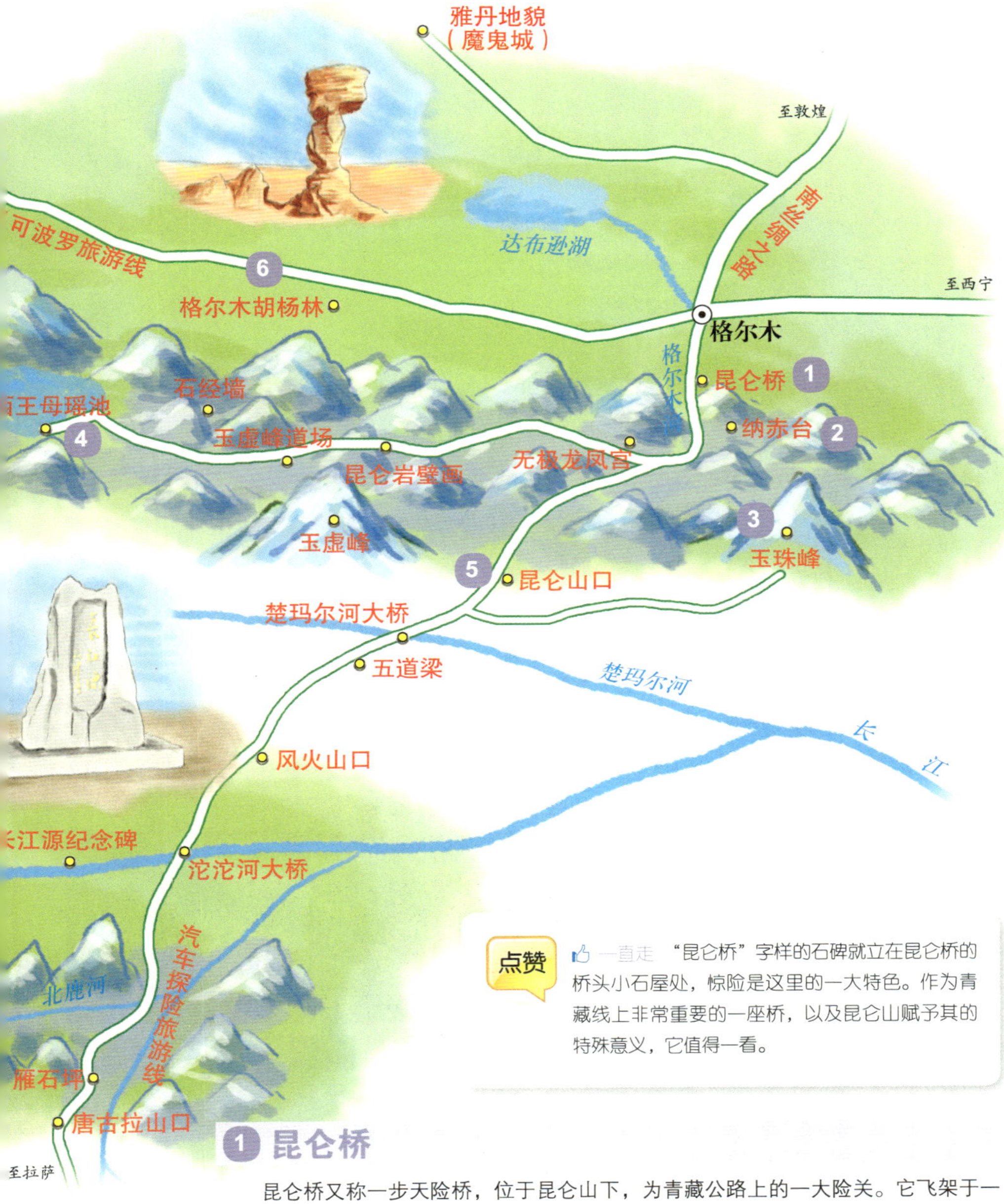

点赞

一直走 “昆仑桥”字样的石碑就立在昆仑桥的桥头小石屋处，惊险是这里的一大特色。作为青藏线上非常重要的一座桥，以及昆仑山赋予其的特殊意义，它值得一看。

1 昆仑桥

昆仑桥又称一步天险桥，位于昆仑山下，为青藏公路上的一大险关。它飞架于一步天险之上，全长虽仅4米多，却因发源于高山峡谷的格尔木河从此奔流而过，形成惊涛拍岸之势；桥的两岸为绝壁相对，巉岩嶙峋，形势相当险峻。若站于桥上俯瞰，可见湍急河水于深邃幽谷中呼啸而去，其响声振聋发聩，令人闻之丧胆。

除曾是青藏公路上难度最大、耗时最长又非常重要的桥梁之外，昆仑桥还是青藏线唯一一座仍“健在”的石拱桥，在青藏公路2000多千米的路程上，也只有昆仑桥仍为人看守着。它古老、沧桑却依旧挺拔，见证了青藏线由贫瘠、落寞到富足、繁忙的全过程。

② 纳赤台

纳赤台位于昆仑山系沙松乌拉山和博卡雷克塔格尔山之间，昆仑河北岸，又称昆仑神泉。在藏语中，其名字意为“沼泽中的台地”。泉池四周以花石板砌成的多边形图案装饰，清泉由池底奔涌，成蘑菇花形，很是引人注目。

该泉为昆仑山中第一个不冻泉，虽位于海拔3540米的高寒地区，常年冰天雪地，水温极低，但泉水从未封冻，且量大稳定，水质清澈透明；另外，泉水中还富含多种对人体有益的微量元素和气体，可供人们直接饮用，如清泉甘露，当地人赋予其“冰山甘露”的美称号。

攻略

纳赤台紧挨着青藏公路，是路边的一处独特景观。纳赤台东侧不远处的昆仑圣泉则是昆仑山矿泉水的原产地，泉水可以直接饮用，凉凉的，微甜，很清澈，据说常喝多喝能生津治胃病，美容养颜。泉池中间奔出来的清泉就像朵盛开的蘑菇花，晶莹透亮，涌向四周。

③ 玉珠峰

玉珠峰又称可可赛极门峰，位于昆仑山口以东，为昆仑山东段最高峰。山脉南缓北陡，南坡路线清晰，攀登难度较小些，适于初学者攀登；北坡则很复杂，有冰裂缝、冰塔林、冰陡坡、刃形山脊等种种地形，适合大部队的登山训练活动。登山者可在南坡体验在高海拔地区登山的经历，在北坡则学习更多的冰雪技术和登山战术。此外，玉珠峰吸引旅行者的还有独特的冰雪景观，这里山顶终年积雪，云雾缭绕，蔚为壮观，为苍凉的昆仑山增添了别致的白雪景观。

攻略

最佳攀登时间：玉珠峰地区属大陆性气候，全年降水量仅200毫米，在5000米以上的高海拔地区，6—8月气温较高，晚上最低温度约-10℃，但冰雪状态不稳定，易发生裂缝；4—5月及9—10月温度较低，夜晚最低温度达-20℃，但冰雪状态相对稳定。山上气候呈现周期现象，一般早上天气最好，中午有云层，有时还有小雪，傍晚则会转晴。攀登玉珠峰的最佳时间是6月或8月底9月初。

4 西王母瑶池

西王母瑶池是一处昆仑山美丽、神秘的仙境，也是道教圣徒们崇拜的神湖。它海拔极高，湖泊巨大，湖水碧绿，清澈粼粼。湖面上经常有众多水鸟飞翔，湖畔则有野牦牛、野驴、棕熊、黄羊、藏羚羊等野生动物出没，周边水草非美，景色旖旎。

其湖泊旁有一处平台，据说那就是传说中每年农历三月初三、六月初六、八月初八西王母设蟠桃盛会宴请各路神仙的地方。周边立有“西王母瑶池”纪念碑石。每年有无数的炎黄子孙，从世界各地来此寻根朝拜，他们会在附近挂上经幡，祈求幸福安康。

点赞 加糖红茶 湖泊很美，碧蓝清澈，西王母的雕像就在一旁，信徒们悬挂的经幡迎风飘扬，在这里心变得安静，就像可以触摸到信仰。

5 昆仑山口

昆仑山口位于昆仑山中段，为青海、甘肃两省通往西藏的必经之地，青藏公路穿越昆仑山脉的必经之地，咽喉之所，也是世界屋脊汽车探险线的必经之地，亦称“昆仑山垭口”。

山口立有昆仑山口标记碑及杰桑·索南达杰纪念碑，山口标记碑为汉白玉材质，由主碑、副碑、陪碑、雕塑、底盘五部分组成，主碑高4.767米，取昆仑山口海拔高度的千分之一；纪念碑底座以花岗岩块石砌成，面积9.6平方米，寓意昆仑山屹立于中国960万平方千米的坚实土地上。杰桑·索南达杰纪念碑是为纪念为保护可可西里野生动物而捐躯的藏族人杰桑·索南达杰而建立。

6 格尔木胡杨林

格尔木胡杨林位于阿尔顿曲克草原西北部，以托拉黑河命名的托勒海地区。托勒海，蒙古语即“胡杨很多的地方。”这里距格尔木市区约60公里，是青海唯一，也是世界上海拔最高的胡杨林。

胡杨林南靠巍巍昆仑山脉，北面是茫茫戈壁盐滩，夹在其中的沙漠化地带里，尤其显得珍贵。一条叫托拉海的季节河从沙地中流淌过来，林中伴生着芦苇，梭梭，红柳，盐爪爪，骆驼刺等沙生植物，与这里栖息的野生动物野鸡、狐狸、狼、野兔等，共同组成一个特殊的生态系统。

格尔木胡杨林目前仍在被破坏之中，如果再这样下去，这片千万年才形成的胡杨林，将彻底葬送在它们庇护的人类手中。

链接 杰桑·索南达杰小传

杰桑·索南达杰（1954—1994年），藏族人，曾担任青海省玉树藏族自治州治多县县委副书记，于1992年创立治多县西部工作委员会（西部工委），开展可可西里地区生态保育的工作。1994年，在与盗猎者的搏斗中身亡。2005年，陆川执导的电影《可可西里》，描述1993年到1995年中国官方的藏羚羊保护过程，其中的主角日泰便是以索南达杰为原型创作的。

攻略

住宿　驴友力荐的住宿地

去格尔木昆仑文化旅游区游览可选择在格尔木市住宿，市内有很多条件各异的酒店、宾馆，完全可以满足不同旅行者的需求。

格尔木盐湖大酒店：位于格尔木市黄河中路26号，近江源南路，条件在格尔木市内属最好。酒店装修高档，环境幽雅，房间宽敞干净，餐厅饭菜味道也不错，周边交通极为便利。电话：0979-8436888。

海凯邦瑞斯丽大酒店：位于察尔汗南路8号，服务，卫生，设备都很不错.房间带有供氧系统，有加湿器，窗户可以看到昆仑山，非常的安静，酒店自带餐厅。 电话0979-5995555 。

美食　饕餮一族新发现

格尔木当地的美食以手抓羊肉、酥油糌粑、酸羊奶等藏式食物为主，另外，城内还有不少清真风味、川味食物。格尔木的羊肉很好吃，以没有膻味、鲜嫩诱人而知名；最地道的饮品就是青稞酒和酸奶。喜欢烧烤的话可到八一路昆仑文化广场对面用餐，那里有很多烧烤档，烤羊肉不错。

格尔木马义黑白条烤羊肉：位于格尔木市站前二道，格尔木火车站附近，在当地大有名气。餐馆的特色食物为炕锅羊肉、麦仁粥、烤羊排、羊腰子、酸奶、雀舌面等，羊肉味道不错，面也做得很好。因人多，服务可能没那么好。

尕胡才炕锅烤羊肉馆：位于八一东路玉都饭店往西二十米，主打羊肉串、炕锅和酸奶，这里的羊肉没有膻味，分量很足。

唐古拉山乡

奇险山川　大美风景

微印象

@帆帆 唐古拉山乡有无尽的自然美景，在这里，你可以看到长江之源，闻名的沱沱河、楚玛尔河，真正领略藏族同胞集聚区河流、山川的魅力。

@熙然 唐古拉山之旅是惊心动魄的，每一座山峰、每一条河流都有无限激情，尽情向你展示着其豪放、粗犷；这里是进藏之前必看的地方，进藏可在这里做好相关准备。

门票和开放时间

门票：免费。

开放时间：全天开放。

最佳旅游时间

唐古拉山乡的最佳旅游时间是6—8月，此时气候相对温和，适宜出行。

进入景区交通

位置：海西蒙古族藏族自治州格尔木市境南部唐古拉山乡。

交通：可从格尔木市包车前往，沿途会经过唐古拉山的主要景点。格尔木市距唐古拉山口约600千米。

景点星级

美丽★★★★★　浪漫★★★★★　休闲★★★★　特色★★★　人文★★★　刺激★★

唐古拉山乡位于海西藏族自治州格尔木市，面积达5万多平方千米，是中国面积最大的乡。唐古拉山乡因著名的唐古拉山而闻名，这里自然景色奇特，高山、河流遍布，尽管很多地方环境都相当险峻，但其原始的粗犷之美仍吸引着来自世界各地的游客。

唐古拉山为长江、澜沧江、怒江等多条河流的发源地，附近雪山连绵，冰川耸立，遍布湍急河流，自然环境原始诱人；诸多的珍稀高原野生植物生长于此，河谷、湖泊之间水草丰美，有很多的优良牧场，常见牛羊及多种野生动物的身影。

攻略

到唐古拉山乡游览，可选择在周边住宿。五道梁、唐古拉山乡有一些招待所、兵站等可供住宿，万一前不着村后不着店也可借住当地藏族同胞家，游客可根据实际情况选择住宿地。

故事 唐古拉山的传说

唐古拉山历来以巍峨、艰险著称，历史上有一些传说就描述了其艰险。相传，当年文成公主进藏途中，行至唐古拉山时，被漫天的大雪堵住去路，无法前行，经僧人点教，公主将其所乘坐的金轿上的莲花座留下镇风驱雪，才安然穿过山脉。之后，成吉思汗率军想取道青藏高原进攻南亚次大陆时，也是在唐古拉山被挡住去路，恶劣的自然条件致使其无法前进，只能望山兴叹，败退而归。

1 楚玛尔河大桥

楚玛尔河大桥位于可可西里无人区南部边缘，飞架于楚玛尔河上，全长2565米，为一座专为藏羚羊迁徙而建的大桥，也是青藏铁路的重点控制性工程。楚玛尔河区域是青海地区藏羚羊的主要栖息地和迁徙通道。每年6—8月，成群结队的临产藏羚羊会由昆仑山东部经过这里向西，进入可可西里腹地的卓乃湖、可可西里湖、太阳湖等地。楚玛尔河大桥就是藏羚羊东西迁徙的主要通道，大桥有78个桥孔，供藏羚羊等野生动物通过。

攻略

楚玛尔河全年有7个月的冰冻期，年均气温－4℃，有时即使七八月也会有暴风雪，前去旅行要注意气候及天气条件，做好准备。

解说

楚玛尔河上游地区属于可可西里的一部分，这里是中国最大的一片无人区之一，也是中国目前大型野生售类动物分布数量最多的地区，附近时常有觅食的小群藏羚羊、野驴、野牦牛、白唇鹿和狼等稀有动物出没。在楚玛尔河以北，清水河特大桥和五北大桥处也都建有野生动物通道。

2 五道梁

五道梁位于被世人称为“生命禁区”的青藏高原和西部高山地区，因附近有五道山梁而得名。这里海拔较高，天气极为寒冷，全年冬季漫长而几乎没有夏天。人们以“到了五道梁，哭爹又叫娘”及“纳赤台得了病，五道梁要了命”来形容其环境的恶劣。

对很多长途跋涉的人来说，五道梁还是漫长青藏公路上的中继站，这里有兵站、泵站、机务段、气象站、保护站和公路段等国家设置单位，及分布于公路两边的诸多饭馆、修车铺、加油站。于五道梁站西南处眺望，可以看到可可西里山和可可西里自然保护区。

小贴士

因五道梁一带土壤植被较少，空气含氧量相对较低，且海拔高，气温也很低，经过此地要做好保暖措施。很多人在这里会出现严重的高原反应，所以五道梁也一般被认为是进入青藏高原的门槛，如在此地没有什么问题，那就可放心进藏。

攻略

五道梁是青藏公路上的一处居民点，当地有不少杂货店、小饭店、修车点，很多长途班车也从这里经过，进藏游客可在这里休息、补给，做好进藏前的准备。可可西里保护区管理局在此设有保护站。五道梁兵站设施齐全，可供住宿，费用约每晚25元/人。

3 沱沱河大桥

沱沱河大桥位于距沱沱河站南面三四百米处，是唐古拉山地区修建最早和最长的一座钢筋混凝土大型桥梁，有“长江上游第一桥”的美称。桥长1389.6米，共42孔，海拔4700多米，为当今世界海拔最高的桥梁之一。

沱沱河，发源于唐古拉山脉主峰格拉丹东雪山的姜古迪如冰川，是万里长江的正源，其附近雪山连绵，峡谷耸立，飞驾于河上的沱沱河大桥则如一道长虹悬挂于山岭峡谷之中，形成“晴虹桥映出，雪岭落长河”的美丽画卷。大桥气势壮美，堪称真正的“长江源头第一桥”，与美丽的沱沱河一起成为青藏铁路上最具吸引力的一处景点。

点赞 守护者　在沱沱河看到了壮美的日出，清晨第一缕阳光下的河流安静灿烂，高原上，蓝天下，河流蜿蜒，桥梁挺立，一切都非常完美，整个人似乎都被这番大自然的无私馈赠征服了，那种感觉无法用言语来形容。

攻略

沱沱河附近区域在青藏公路昆仑山口至唐古拉山口路段中海拔最低，气候、环境也都较好，但从这里往雁石坪沿途没有加油点，要提前做好准备。沱沱河附近有专门的观景平台，那里视角较好，适合游客观赏长江源头的风景。

4 长江源纪念碑

走过沱沱河大桥，在桥北的小山坡上能看到一座白色花岗石纪念碑，即为长江源纪念碑。纪念碑高2.5米，重14吨，以7块优质花岗石制成。碑石正面雕刻有“长江源”三个大字，背面刻有描绘长江源的碑文。纪念碑通体白色，立于沱沱河沿，俯瞰着蜿蜒的沱沱河及过往行人，蓝天白云下庄严圣洁如美玉，是万里河流的最好点缀。游客可到此拍照留念。

点赞 兰若仙　和很多游人一样，我们也在长江源纪念碑处拍照留念了。碑本身没有值得看的，但意义重大，因为这里是长江的源头，是千古中华文明发源的地方。

5 唐古拉山口

唐古拉山口位于青海、西藏两地的交界处，为两地的天然分界线，其海拔5231米，为青藏公路的最高点。唐古拉山地处冻土区域，气候极为寒冷，且空气稀薄，天气十分不稳定，即使夏天，也经常有冰雪、冰雹，因此被称为“风雪仓库”。许多人到这里都会有明显的高原反应。山口立有为修建青藏公路而献身的人民解放军雕像纪念碑、海拔高度碑、军民共建兰西拉光缆工程竣工纪念碑，以及诸多由游客堆起的玛尼堆。

攻略

一般长途班车都会在唐古拉山口稍作停留，可停在写有“唐古拉山口”字样的石碑旁合影留念，但要注意身体安全，如不适则不要待太长时间。附近的唐古拉火车站是世界上海拔最高的火车站，也是青藏铁路的最高点，在站台上向西望，可以眺望唐古拉山的最高峰格拉丹冬雪峰。

可可西里自然保护区

纯美原始的自然之地

微印象

@可乐不加冰 可可西西里有两张著名的名片，那就是“生命的禁区”和藏羚羊。真正走进这片洁白的世界之后，发现它太具诱惑力，自然赤裸裸地呈现，毫无修饰，在这里，一切华丽都失却了语言。

@五月的风 可可西里对很多人来说充满着致命的诱惑，但旅行不是冒险。在这里见识原始美丽的同时，你也会感受极致的气候变化，恶劣的自然环境；高原反应会很容易发生，危险事故也可能近在眼前。你应做好最充分的准备，并且不要一个人前来。

门票和开放时间

门票：免费。开放时间：8:00~17:00。

最佳旅游时间

一年四季均可，以7—9月为最宜，因夏天气温高，可可西里可作为天然的避暑胜地；春天风沙大，秋天时间较短促。

进入景区交通

位置：青海省玉树藏族自治州。

交通：

1.包车：可从西宁或玉树各县镇包车前往，西宁距离可可西里自然保护区较远，若从西宁出发，推荐先坐西宁到玉树藏族自治州各县镇的班车，然后再从玉树藏族自治州各县镇包车前往。

2.自驾：从玉树藏族自治州各县镇自驾前往，车辆尽可能找性能好的越野吉普车。

景点星级

美丽★★★★ 特色★★★★ 刺激★★★★ 浪漫★★★ 休闲★★ 人文★★

可可西里是蒙古语，意为“青色的山梁”，被誉为“美丽的少女”，藏语称该地区为“阿青公加”。可可西里自然保护区位于青海省西北部，与新疆、西藏接壤，为目前世界上原始生态环境保存最完美的地区之一，也是最后一块保留着原始状态的自然之地，被称为“世界第三极”。2017年7月7日，在波兰克拉科夫举行的第41届世界遗产大会上，青海可可西里经世界遗产委员会一致同意，获准列入《世界遗产名录》，成为中国第51处世界遗产。

可可西里自然环境极其恶劣，是中国最大的无人区。但在这片广阔的土地上栖息着种类繁多的珍稀野生动物，如野牦牛、藏羚羊、野驴、白唇鹿、棕熊等，其中包括20多种属国家重点保护的一、二类野生动物。

特有高原野生动物的存在使可可西里成为目前世界上原始生态环境保存最完美的地区之一，也是目前我国建成的面积最大，海拔最高，野生动物资源最为丰富的自然保护区之一，“生命的禁区”演变成“野生动物的乐园”。而其神秘、独特也诱惑着世界各地的游客前来探索。

小贴士

在可可西里不要招惹那些单独的野生动物，也不要将镜头一直对准它们，以免引起它们反感，向人们发起攻击。可可西里无人区里曾发生过很多牦牛因被激怒而顶翻越野车的事情。

点赞

纳兰若　车子开进可可西里无人区的时候，我们感觉像是进入了一个野生动物园，路两边都是藏黄羊、野牦牛、狐狸、藏野驴、金雕这样的野生动物。羊的种类非常多，它们在冰天雪地里欢快地跳跃，很开心，将整个可可西里装点得无比多彩。

1 索南达杰自然保护站

可可西里自然保护区的索南达杰自然保护站，海拔4479米，这是中国民间第一个自然生态环境保护站，作为可可西里反偷猎工作的最前沿基地，促进了可可西里藏羚羊保护的进程。

2017年8月29日下午，可可西里保护区内的索南达杰保护站正式开通卫星通信固定站，标志着可可西里成为中国四大无人区中首个接入互联网的地区。

链接　可可西里5个保护站

可西里国家级自然保护区管理局现有5个保护站。各保护站除负责各自辖区内野生动物和生态环境保护，开展巡山反盗猎斗争外，还担负着接应和支援主力巡山队、在青藏公路进行路查和向保护区周边地区群众进行宣传教育的任务。

不冻泉保护站：位于昆仑山口以南20千米处，距格尔木市180千米，海拔4600米，是保护区的北大门，自1999年3月建立以来工作人员一直住在帐房里，2002年建成砖结构房屋并已投入使用。

楚玛尔河保护站：位于青藏公路楚玛尔河大桥以北20千米处，海拔4600米，距格尔木市240千米。使用兵站废弃的房屋。

五道梁保护站：位于青藏公路3007千米处，是进出保护区的咽喉所在，海拔4680米，购置的兵站旧房屋，距格尔木市270千米。五道梁有商店、饭馆等10余家，购物方便。

沱沱河保护站：位于青藏公路3120千米处，工作人员办公、生活都在帐房里，海拔4630米，是保护区的南大门，距格尔木390千米。

卓乃湖保护站：是位于保护区腹地的一个流动的帐房保护站，卓乃湖站点海拔4790米，是藏羚羊集中产仔的地区，距青藏公路150千米，距格尔木市430千米。

2 乌兰乌拉湖、卓乃湖

乌兰乌拉湖和卓乃湖是分别位于可可西里地区西南和东北的两个面积较大的湖，同时也是1989年时，可可西里科学考察队的考察路线的两端，而这条路线几乎贯穿了整个可可西里地区，也许有一天你会有机会沿着这条路走一遍。

卓乃湖：是一个大型淡水湖泊和周围的沼泽地，邻近地区有许许多多小型湖泊池塘。湖泊水源来自周围山区（山高5950米）的许多小河流。出水向东流入

可可西里示意图

库赛湖盆地。可可西里的藏羚羊占了全球藏羚的绝大多数，而可可西里的绝大多数母羚羊在每年七八月份都会集中到卓乃湖以南一片不大的草原产仔，9月返回越冬地与公羊合群。

乌兰乌拉湖：是由北、西、东三个湖以环状排列而成，北湖狭长，东、西两湖面积差不多，主要支流有天水河、跑牛河、等马河等，三湖的中心是一片陆地，其中的镇湖岭海拔为5126米。乌兰乌拉湖是可可西里地区面积较大的水面，与这里其他的湖一样，澄澈宁静，宽广温和，北湖岸边是珍奇的藏羚羊的汲水处，也是格尔木市唐古拉山乡与玉树藏族自治州治多县的交界处。

解说

卓乃湖是一个音译过来的地名，藏族同胞把藏羚羊叫Zu，卓乃湖的名字也因此得来。

3 可可西里湖

可可西里湖位于治多县西北部，可可西里山与马兰山之间断陷盆地东段，东临卓乃湖约65千米的距离。可可西里湖为半咸水湖，内流湖，岸边有盐碱结皮。湖以山名命名，东西长39.4千米，南北宽14.7千米，湖水面300平方千米，水深一般30米，湖面海拔4878米。

湖水化学类型为硫酸钠亚型，水色浅绿。以冰雪融水补给，西北部冰川融水形成的连水河从湖西端注入源于西南面汉台山的冷水河从湖西南注入；北面兴军山，东西黑石山，南面可可西里山均有溪流以潜流形式汇入湖内。湖岸多为砂土带，植物覆盖度低，是高原野生动物出没之所。

解说

可可西里保护区的北面是昆仑山脉，南面是唐古拉山脉和乌兰乌拉山脉，西面是阿尔金山脉，只有东面是开阔地。盗猎分子常从青藏公路向西侵入保护区。虽然有三四百千米公路穿过保护区，但真正能进山的只有两条路线：北线从不冻泉、卓乃湖、可可西里湖、太阳湖直至新疆境内的鲸鱼湖；南线沿沱沱河西进至乌兰乌拉湖、西金乌兰湖。

保护区管理局的五个保护站一线排开，将可可西里的东大门严密把守。卓乃湖保护站和不冻泉保护站守住北线，沱沱河保护站守住南线，楚玛尔河保护站和五道梁保护站守住中段，5个保护站犹如5位尽职的牧羊人护住了自己的羊群。

4 不冻泉

不冻泉位于青藏公路和铁路的必经之地，是进入昆仑山的第一站，因此也被称为可可西里的北大门。茫茫草原上的一片湿地，青藏铁路的不冻泉大桥就在这里，附近还有一个不冻泉保护站，这里过去，就算真的进入可可西里了。

5 可可西里藏羚羊观景台

可可西里藏羚羊观景台位于109国道边，景色非常美丽。一望无际的可可西里尽在眼底，运气好的话能看到多种珍贵的高原动物成群而过，除了藏羚羊还有藏野驴，野牦牛等。但是需要注意的是，虽然景色很好，但是不要随便进入保护区，也不要和藏羚羊亲密接触。

攻略

1.前往可可西里自然保护区

为保护可可西里自然保护区的原始生态环境，可可西里生态旅游每年游客的数量限制在1000人以内，每批团队的游客数量限制在15人以内。要前往可可西里旅游，需提前到格尔木的可可西里自然保护区管理局办理相关手续，通过体检方才有资格申请；高血压等病症的申请者不被允许进入。同时，可可西里对游客也有严格的环保要求，游客在进入保护区后须遵守环保方面的各项规定和注意事项。

可可西里团队生态游的主要内容是沿巡山路线攀登观赏雪山草原，观察高原珍稀野生动植物，体验巡山队员巡山生活，并组织进行各种环保活动，倡导人们保护可可西里自然保护区的生态环境。

2.游览注意事项

可可西里平均海拔在4500米以上，为青海海拔最高的地区之一，但这里气候恶劣，医疗卫生条件差，游客前往，要做好充足的准备，包括保暖、防晒，应对高原反应及突发情况等。可可西里天气寒冷，无论春夏秋冬，都要带上保暖衣物，冬天建议穿冲锋衣、冲锋裤，羽绒服；因海拔高，日光强烈，去可可西里要带上防晒物品，如眼镜、帽子、防晒霜，以免晒伤。未充分适应高原反应的游客应先选择在格尔木多待几天适应，根据身体素质决定是否前往，高原安、红景天等预防高原反应的药物应提前服用。另外，要带上止泻药、跌打损伤药、感冒药、晕车药等预防突发情况。

在游览时，要与野生动物保持距离，以免出现事故；黄羊和藏羚羊喜欢与汽车赛跑，它们速度很快，血脉贲张，游客开车要注意把握速度，避免被它们盯上。

第5章 唐蕃古道

共和—玛多

通天河

玉树

囊谦寺院

阿尼玛卿雪山

尕朵觉悟神山

唐蕃古道为我国古代历史上一条非常重要的交通大道，唐代以来中原使者去往青海、西藏乃至尼泊尔、印度等都是沿此路前行。它全长3000米，起自陕西西安（长安），途经甘肃、青海，到达西藏拉萨，在古代亦有丝绸南路之称。其形成有1300多年的历史，为中国古代三大通道之一，是藏汉人民的纽带。

唐蕃古道以文化、历史为特色，一路名胜古迹众多，风土人情多姿多彩，美不胜收，是历史、文化、艺术爱好者必要拜访的地方。在青海境内，唐蕃古道沿线主要的人文景观有称多拉布民俗村、玉树文成公主庙、嘉那经石城、囊谦寺院；同时沿线的黄河源风景区、通天河、阿尼玛卿雪山、年保玉则景区、尕朵觉悟神山等自然景观，也为游客带来了亮丽俊美的自然景色。

共和—玛多

山川、河流相伴的纯净之地

微印象

@忽而今夏 日月山、倒淌河、龙羊峡都是在进藏路上经过的，它们不像很多有名的景点那样有着醒目的招牌，只是安静地在那里等人来看，然后在不经意间给你惊喜。

@十月 共和、玛多都只不过是很小的县城，但这一路的风景却令人惊叹，有山川，有河流，时而安静，时而澎湃，一路走过，可欣赏秀丽高原风景，呼吸纯净空气，身心都得到放松。

门票和开放时间

门票：免费。

开放时间：全天开放。

最佳旅游时间

共和、玛多的最佳旅游时间是6—9月，因此时黄河各支流水源充足，景色壮观，而共和县、玛多县也处于一年最温暖的时候，适宜出行。

进入景区交通

位置：青海省海南藏族自治州共和县，青海省果洛藏族自治州玛多县。

交通：

1.客车：西宁客运中心每天有多趟中巴前往共和汽车站。

西宁客运中心每天8:30有一趟大巴前往玛多县城，另外西宁客运中心每天还有7趟大巴到达玛多岔口，票价分为110元和137元两种。

2.自驾：共和县境内主要公路为青藏公路109国道、青康公路214国道，玛多县境内以214国道为主干线。从共和县至玛多县，沿214国道行驶，全程近350千米，耗时7个多小时。

景点星级

美丽★★★★　浪漫★★★★　休闲★★★★　特色★★★　人文★★★　刺激★★

绵延的山峰，五彩的经幡，独特的蒙古包，展示了一种壮阔高原之美与独特藏式风情。

共和县位于青海省东北部，因历史悠久、民风淳朴、景色优美而成为受欢迎的旅游地，著名的青海湖、有“草原门户”之称的日月山、雄伟壮观的龙羊峡水电站均位于这里。玛多县位于青海省果洛藏族自治州西北部，为万里黄河的发祥地，被称为“黄河源头第一县”“千湖之县”；这里湖泊星罗棋布，牛羊成群，自然景色美妙动人，吸引不少游客前来访黄河源头。

共和至玛多，是唐蕃古道上非常重要的一段，也是文成公主进藏曾走过的地方。今天，这里成为游人进藏的必经之地，一路风景，一路经幡，你能感受到壮阔高原之美与独特藏式风情。

1 日月山

日月山，位于湟源县与共和县的交界处，为游人进入青藏高原的必经之地，因此也被称为“西海屏风”“草原门户”。古时这里是唐朝和吐蕃实行物资交流和两地使者往来的中转站，文成公主进藏时曾经过这里，当地传说中认为日月山是由文成公主摔落的宝镜演化而成。

山上立有写有“日月山”三字的青石碑，及分别以“日”“月”为名的两座亭子，日亭与月亭遥遥相望，如天使守护山峰。站于山顶，东望可见悠然田园风光，西望则见碧波万顷的青海湖，迥然风景，却又浑然相融。古人有“登上日月山，又是一重天”的说法。

解说

在地理上，日月山是我国非常重要的一处地理分界线，其意义在于四点：水内流区和外流区的分界线，季风区和非季风区的分界线，青藏高原和黄土高原的分界线，畜牧业和农业的分界线。而在历史上，它则见证了文成公主的进藏，唐朝和吐蕃近200年的友好关系。“过了日月山，两眼泪不干”，日月山承载着厚重的汉藏人文气息。

2 倒淌河

倒淌河发源于日月山西麓的察汗草原，自东向西流入青海湖，这也是其名字“倒淌河”的成因。其海拔约3300米，全长40多千米，为青海湖水系中最小的一支，河水清澈，河流蜿蜒，如美丽的裙带飘于高原之上。

故事 倒淌河的传说

关于倒淌河，有一个美丽的传说。据说当年文成公主在进藏时，到达日月山，西望一片苍茫，回首又不见故乡长安，思乡不成，前路无知，便悲恸得流下眼泪，其泪水就汇成了倒流的倒淌河。这为倒淌河增添了诸多神话般的美丽。

3 龙羊峡

龙羊峡位于海南藏族自治州共和县与贵南县交界处，是黄河流经青海大草原后，进入黄河峡谷区的第一峡口，建于其上的龙羊峡水电站是黄河上游第一个大型梯级电站，被称作“龙头”电站，龙羊峡水电站最大坝则被誉为“万里黄河第一坝”。

对游客来说，龙羊峡是欣赏美丽峡谷、巨大水库和万里黄河风光的最好地方。黄河从龙羊峡川流而过，其河谷两岸，一边是广阔无垠的莽原，一边是陡峭的山峰，中间则是宽阔盆地。在这里，黄河水被大坝拦截，形成碧波平湖，与高耸山脉对应，湖光山影，碧野苍穹，美不胜收。

小贴士

龙羊峡值得看的地方很多，拦河大坝、黄河水、黄河峡谷、水库，以及一些旧石器、中石器、新石器时代的文化遗存。水库是游乐、休闲的好地方，可以看风景、玩水上活动、钓鱼。

点赞 小王子 在龙羊峡看到了无比清澈的黄河水，想不到黄河也有如此纯净清澈的一面；陡峭的峡谷，巨型的水库和电站非常壮观，再次领略了自然的神奇与人类的伟大。

4 花石峡

花石峡，藏语“作干纳哇”，意为犏牛的角。花石峡曾是唐蕃古道的必经之路，因在广阔苍凉的峡谷中布满了各色花纹的石头，汉语“花石峡”由此得名。

花石峡位于214国道西宁至玉树的中段，无论从西宁还是玉树出发，这里都是最理想的食宿驿站。但214国道线上最流行的广告语“吃不在玛多，住不在花石峡”却使花石峡“臭名”远播。虽然这里海拔只有4200多米，但气候变幻莫测，多数人进入这片花色峡谷后，都会产生明显的高原反应。

解说

从地形上看，花石峡几乎处于阿尼玛卿山脉的中间，正是因为它的存在，唐蕃古道和214国道才能找到一个最便捷的路径。但正是因为这样的一个豁口，狂风成为这里的主流，因此往来的商旅都将此地视其为一个凶险之处，成为名副其实的“鬼门关”，与青藏线上的五道梁齐名。

攻略

住宿 驴友力荐的住宿地

共和至玛多的旅行，可选择在共和县、玛多县住宿，当地都有不少宾馆。因日月山距离青海湖较近，在日月山附近时可选择在青海湖周边住宿，旅馆很多。去龙羊峡时可选择在龙羊峡镇住宿，有供电所的招待所及旅行社提供住宿，价格为15~80元。

共和祥鹰国际大酒店：共和县城酒店一条街上算是最好的酒店了。酒店干净卫生，后院停车宽敞。 电话0974-8576666。

玛多云丹康赛大酒店：设有多种房型，房间和大厅覆盖WIFI，因为高原温差较大，酒店供暖系统成熟，酒店还提供早餐和当地特色餐饮美食。电话0975-8348111 。

美食 饕餮一族新发现

共和、玛多附近的美食以藏式风味为主，多是一些朴实的农家当地食物，价格实惠。共和县、玛多县有一些餐馆，可供选择，若想找种类更多、环境更好的餐厅，可在返回西宁时寻找。

西宁伊风阁炕锅肉：位于共和县黑马河乡，在当地较有名气，炕锅羊肉、牦牛肉是其特色食物。食物种类多样，口感好，羊肉地道，土豆的口味也不同一般。

老牌坊特色小炒：位于109国道边，提供各种炒菜，特色菜是农家地锅鸡，饼特别脆，有青稞的麦香。分量足，价格实惠。

日月山文成公主庙

通天河

险峻奇绝的通天河流

微印象

@星河初上 看到波涛汹涌的通天河时，心情着实激动了一番；它似蕴含着无与伦比的激情，总是在澎湃，似乎在向人们呼喊；周边有奇峻的峡谷、山峰，整体给人的都是一种险峻之美。

@木子 通天河附近环境很好，景很美，能感觉到其丰富的生物多样性及孕育的美妙的自然环境；这里是长江、黄河发源的地方，是孕育了中华血脉，流淌出万里母亲河的地方，想到这些就觉得仅仅来到就是一种幸福。

门票和开放时间

门票：免费。

开放时间：全天开放。

最佳旅游时间

通天河的最佳旅游时间为6—9月，因当地属高寒气候区，除高原东部边缘外，大部地区风大，气温低，空气稀薄，年平均气温常在0℃以下，6—9月温度最高，气候最为合适。

进入景区交通

位置：沱沱河大桥下游60千米囊极巴陇地区汇合。

交通：前往勒巴沟岩画的路上可经过通天河，可同文成公主庙和唐僧晒经台一起游览。从结古镇包车前往约200元，车程1小时。

景点星级

美丽★★★★　浪漫★★★★　刺激★★★★　休闲★★★　特色★★★　人文★★

通天河，古称“牦牛河”，位于万里长江源头，由沱沱河与当曲在沱沱河大桥下游60千米囊极巴陇地区汇合后形成，因《西游记》中的“孙悟空大战通天河”而闻名。通天河全长1000千米，穿行于唐古拉山脉和昆仑山脉的宽谷之中，为长江在玉树地区的一段，其左右两岸支流众多，水量丰沛，气势磅礴。

通天河区域自古以来就是西宁通往玉树、青海通往西藏的必经之路，因路途极为险峻，且河中乱石穿空，水流湍急，惊涛拍岸，涛声振聋发聩，自然条件恶劣而被称为天堑，古时很多汉藏使者、传经布道的僧侣、求神拜佛的信民都曾徘徊于此。今天，河上已建起了一座七孔钢筋水泥大桥，天堑已变通途，随着名声日渐，其奇美惊艳的风光也吸引了越来越多的观光游览者。

点赞

远方的渴望　我们在青藏公路上行驶，在距结古镇20千米处，看到了三江源自然保护区纪念碑，司机告诉我们旁边波涛汹涌的大河就是通天河，《西游记》里那惊心动魄的过渡晒经的章节就发生在这里。

1 歇武寺

歇武寺全称“歇武多千寺”，位于西宁去玉树结古镇的214国道与川青公路相交的丁字路口处的歇武乡，在公路西侧海拔3950米的堪格然坦山腰上。寺庙依山而立，主体为红色，从远处看非常醒目；其初建于11世纪初，属噶举派，自1265年元朝帝师八思巴入住寺庙，并将其改为藏传佛教萨迦派寺庙后，现已传至第16代活佛。

歇武寺最突出的佛教建筑是大经堂，寺内有诸多重要文物，如新塑萨迦五祖像，僧人墓塔8座，及佛经300部，佛经珍贵藏文版本如《甘珠尔》和《丹珠尔》。寺庙曾经历多次整修，最后一次是在1998年。

攻略

歇武寺有法会，其中主要的有藏历三月二十八日的“智典会”，七月二十日的“日多会”和十二月二十九日的“格多会”等。

2 通天河晒经台

《西游记》里有过渡晒经一节，唐僧师徒取经归来，渡通天河时，因负载其渡河的老龟嘱托，被老龟掀翻落水，经书随之掉入河中；师徒上岸后，于一大石头上晾晒被水浸湿的经卷，经卷上的字也因此被神奇地印在石头上了。今天，通天河大桥南岸，有一块巨大的“晒经台”，人们认为它就是传说中唐僧师徒晾晒经书的那块石头；石上的字迹仍清晰可见，石头旁的古柏树上则挂满了经幡，“通天河晒经台”也因此成为通天河的一大旅游景观。

点赞

笑着活　好不容易找到这块晒经的大石头，石头非常大，上面真的有字，经历风吹日晒还非常清楚，但是看不懂，只是拍了个照；学着当地人在旁边的柏树上挂了经幡。

3 三江源纪念碑

三江源纪念碑位于通天河畔，由青海省人民政府于2000年8月19日正式落成揭碑，其建成也标志三江源自然保护区的正式成立。纪念碑由花岗岩雕成，碑高6.621米，基座面积363平方米，分别象征着长江正源地格拉丹冬雪峰6621米的高度及三江源保护区36.3万平方千米的面积。

纪念碑高大雄伟，挺拔壮观，最上方有两只伸向天空的巨手，象征着人类对三江源自然保护区的保护。该纪念碑是三江源自然保护区最显著的标志。

攻略

随着近年的声名大振，三江源自然保护区正以其独到原始之美吸引着众多的旅行者。但应注意，因当地自然条件恶劣，三江源自然保护区之旅仍属于探险之旅，具有一定的危险性和不可预测性。游客进入应在各方面都做好充分的准备，条件不成熟，不可贸然前去。如要去源头，一定要找当地的向导带领，以免迷路及发生危险。

另外，三江源自然保护区的生态环境非常脆弱，青海省对进入三江源、玉树等自然保护区的探险游、自驾游等有严格的规定，游人进入其中应严格遵守规定，爱护环境，以保护这块珍贵的自然保护区。

点赞

你的渴望　很高的纪念碑，在青海碧蓝的天空下显得格外雄伟、壮观，从后面看，三江源纪念碑就像一块无与伦比的艺术品；在它旁边可以看到分别写着长江、黄河、澜沧江的三块小石碑。

解说

1.寓意深刻的纪念碑

三江源纪念碑的设计可谓寓意深刻，除了碑高及基座面积的寓意外，其基座高度4.2米，象征三江源4200米的平均海拔；碑体由56块花岗岩堆砌而成，象征着中国的56个民族。

2.意义重大的三江源自然保护区

三江源中的“三江”指代长江、黄河和澜沧江，它们均发源于玉树境内，故称玉树为“三江源”。三江源自然保护区覆盖玉树、果洛全境和海南、黄南、海西的部分地区，分25个核心区、25个缓冲区和1个实验区，核心区面积达11.19万平方千米，占三江源面积的30.83%。这里是我国面积最大、海拔最高的天然湿地和生物多样性分布区，也是世界高海拔地区生物多样性最集中的地区和生态最敏感的地区，被誉为“中华水塔”，具有重要的生态意义、经济价值。

攻略

住宿　驴友力荐的住宿地

在通天河区域游览，可选择住在离其较近的结古镇。结古镇住宿地多，可选择性大，宾馆的价格在150元左右，普通招待所价格只有几十元。

玉树三江之源大酒店：位于结古镇民主路与珠姆路交汇处，在玉树条件算是较好的酒店，门口没有停车位，房间宽敞干净而且有供氧设备，提供早餐 。电话0976-8632888。

美食　饕餮一族新发现

通天河区域的美食以藏式风情食物为主，另外多川菜。结古镇上有不少餐馆，一般的小餐馆内人均用餐价格也很实惠。

玉树

兼具美景与文化的神奇之地

微印象

@去远方 与很多人一样，我也是因为2010年的地震才知道了玉树这个地方，进而对它有了些许了解。当知道它有三江源，有嘉那经石城的时候，再也无法抑制想去旅行的心情。一路行走，收获远比想象中多。真的，美景与文化在这里浑然天成。

@维生素的爱 其实玉树可以看的地方很多，想好好玩的话，就做个详细的规划。要去玉树草原走走，无边无际的美在蓝天下延伸，草绿得动心，真想在那里一直躺着睡去了。

门票和开放时间

门票：结古寺10元，文成公主庙、嘉那经石城与格萨尔王广场免费。

开放时间：全天开放。

最佳旅游时间

7—8月为玉树的最佳旅游时间，因此时气候适宜，天气温暖，玉树草原也是一年最美之时，7月底还有赛马节。

进入景区交通

位置：青海省玉树藏族自治州。

交通：

1.长途客陈：西宁客运中心每天到玉树汽车站有6趟大巴，票价分191元和229元两种。

2.包车：可从西宁包车前往，沿途顺便游览黄河源、鄂陵湖、通天河、巴颜喀拉山口、三江源纪念碑等地，但价格较高。

3.自驾车：玉树的公路网络以结古镇为中心，以214国道为主骨架，可沿上述公路行驶至玉树。

景点星级

美丽★★★★★　人文★★★★　浪漫★★★　休闲★★★　特色★★　刺激★★

玉树位于青海省西南青藏高原腹地的三江源头，素有“江河之源、名山之宗、牦牛之地、歌舞之乡”等众多美称。玉树藏族自治州为全国30个少数民族自治州中主体民族比例最高、海拔最高、人均占有面积最大、生态位置最重要的一个自治州，其下面的玉树市结古镇则是历史上唐蕃古道的重镇，也是青海、四川、西藏交界处的民间贸易集散地。

玉树景点众多，风景秀丽，且文化底蕴深厚，民族风情淳朴，在这里，你可于寺庙中寻古感受藏文化的浓厚、坚韧，于玛尼石城前转动经纶体会信仰的力量，于草原、山巅看美景感受自然的神奇莫幻。美景令你沉醉，能歌善舞、热情好客的当地人则会让你流连忘返。

点赞 熊儿　玉树是个神奇的地方，自然美景无一不摄人心魄，文化底蕴深厚得令人只能景仰；我们幸运地赶上了7月底于玉树草原上举办的赛马节，很热闹，有趣，富有民族风情。期待有更多的人来了解这里。

1 嘉那经石城

嘉那经石城位于结古镇以东6千米的新寨村，不仅是我国藏族同胞集聚区，也是世界上规模最大的经石城。它由25亿多块刻着六字真言和各种经文的玛尼石堆成，是一处罕见的文化胜迹。

嘉那经石城的南、北、西三面砌有高高的经石墙，精美的彩绘浮雕佛像和巨幅“六字真言”彩色石刻就镶嵌于墙上，精美绝伦。在石城外，经常有当地的男女老幼信众转“廓拉”，他们手摇经纶，围绕石城转圈，据说每转一圈，就相当于将刻于玛尼石的全部经文诵读了一遍，转的圈越多则修行越深。

点赞 子玄　人类原始的文化崇拜总是令人惊叹，看着那些步伐匆匆、一脸虔诚转着经纶的信徒以及磕长头的信众，内心被这种文化与信仰无限至上的力量深深折服。精美的石刻很漂亮，值得每一个心怀信仰与愿望之人前来。

解说

据传，玛尼石堆最初为结古寺第一世嘉那活佛修建，随着时间流逝，玛尼石堆的体积越来越大，200多年间堆积起25亿多块玛尼石，不少玛尼石上还挂有佛像的彩色经幡。嘉那经石城的中央还竖立有红色神塔。

2 结古寺

结古寺藏语称“结古顿珠楞”，意为“结古义成洲”，位于结古镇东，以建筑宏伟、文物丰富、寺僧众多在藏族同胞集聚区的寺庙中大有名气，为萨迦派在青海省内的主寺。寺院依山而建，多间殿堂、僧舍错落有致地分布，似亭台楼阁般耸立于山峰之上，主体建筑为由萨边寺大堪布巴德秋君和嘉那活佛第一世多项松却帕文设计的“都文桑舟嘉措”经堂。

攻略

结古寺在结古镇北面的山坡上，可以从结古镇打车前往，车费约10元。

3 格萨尔王广场

格萨尔王广场位于玉树市区，以藏族史诗传说故事《格萨尔王传》中的英雄格萨尔王的名字命名。广场中央有巨大的格萨尔王雕像，雕像中的格萨尔王身骑战马，雄姿英发，一如传说故事中的那般英勇。在藏族人心中，格萨尔王是他们的精神代表，象征着勇敢、坚强与生生不息的战斗精神。

今天，格萨尔王广场已是玉树的象征与代表，承载了玉树的精神与文化，游客可以在这里了解玉树，走近玉树。广场巨大，当地人会在这里举办重要集会与活动。

点赞

依然　2010年玉树地震之后，在网络上看到了不少玉树的照片，很多都是以格萨尔王广场取景，那时知道格萨尔王广场是玉树很重要的一个地方。

解说　《格萨尔王传》

《格萨尔王传》为一部由藏族人民集体创作的英雄史诗，它由西藏民间千余年流传的口头文学整理而成，全书共120多部，100多万诗行，2000多万字，是世界上最长的一部史诗，被誉为“东方的荷马史诗”。

这部史诗中塑造了一个具有特殊品格和非凡才能，神、龙、念（藏族原始宗教里的一种厉神）三者合一的半人半神的英雄格萨尔王，他自诞生之日起，就开始为民除害，先后降伏了诸多人间妖魔，并且抑强扶弱、造福百姓，为西藏地区的统一、安定做出了重要贡献。人们将其故事流传，视他为西藏的保护神，并由此代代传承。

4 文成公主庙

文成公主庙又名“沙加公主庙”，位于玉树市结古镇东南25千米的贝纳沟，是当地人因怀念文成公主而建。寺庙为藏式建筑，建于百丈悬崖之上，唯一既有唐代艺术风格又有藏式平顶建筑特点的古式建筑。寺庙周边环境幽静，景色绮丽，四周的悬崖和面积较大的石头上刻有数不清的藏经。

文成公主庙共3层，面积包括院落600多平方米，通高9.6米,雄伟壮观，其屋顶为金色，金光闪闪地射向四方，光彩夺目。文成公主像坐落于寺庙中央，雕像中的文成公主身高8米，端坐于狮子莲花座上，典雅端庄；雕像旁有分立于上下两层的8尊石刻佛立像，佛像高约3米，雕刻精致入微，形象逼真，极具艺术魅力。

点赞

尧贰　文成公主庙并不大，但修建得相当精巧，文成公主的佛像是直接由岩壁雕琢出来的，很高大雕像中文臣公主浅然微笑，散发着佛的光辉，很难以想象当年的她是怎样在这里度过漫长岁月。

攻略

去文成公主庙可选择包车前往，车费50元左右，可将文成公主庙与邻近的勒巴沟岩画、通天河一同游览。

解说

唐贞观十五年（641年）文成公主由长安出发来到西藏，与吐蕃松赞干布联姻。文成公主一行在进藏途中，曾在玉树市的贝纳沟停留，当地首领和群众曾为她举行隆重的欢迎仪式，文成公主并教给当地群众耕作、纺织技术。

文成公主离开后，当地群众为表示怀念，依照文成公主的画像，在石壁上为其塑造了一座雕造像，其后又建立了寺庙，即是现在的文成公主庙。目前，该庙也成为藏汉团结的象征，当地信徒们顶礼膜拜的佛堂，香火缭绕，终年不衰，并被誉为玉树高原上的“洞天福地”。

攻略

住宿 驴友力荐的住宿地

在玉树旅游，可选择住在玉树藏族自治州的首府结古镇，结古是玉树较繁荣的地方，住宿的选择较多。一般宾馆的价格在150元左右，普通招待所价格只有几十元。需注意，玉树每年7月底举办赛马节，那是玉树观光游览者最多的时候，需要提前订好住宿地。县城内最好的宾馆是玉树宾馆和拉布寺宾馆。

喜马拉雅大酒店：位于街古大道大众1巷，在当地算是性价比高的，位置不错，有停车场，停车方便，附近有很多饭店可以吃饭。离市中心广场也不远。电话0976-5963666 。

拉布寺宾馆：位于结古大道胜利路115号，宾馆位置不错，周边吃饭购物都比较方便，宾馆房间卫生干净，设施在当地来说也算不错。电话：0976-8827666 。

美食 饕餮一族新发现

玉树的美食中，有一种叫作“肋巴”（Kebab）的烤肉非常值得推荐，很多到过玉树的游客都对其念念不忘。它有点类似土耳其烤肉，先把羊排骨煮到半熟，再刷上酱，在炭上烧烤而成。到玉树不可不尝试。当地主要食物就是一些藏式风情美食，街上的小餐馆内都可品尝到，一些餐馆很有特色。

摆福军九鼎牛肉面：位于结古镇红旗小学对面，算是玉树最还吃的牛肉面了，生意非常好，味道很不错，他家的小菜值得推荐。

西宁饺子：位于红旗路红旗小学西南200米，分量十足，配料齐全，最有特色是用青稞面做面皮，口感跟内地不太一样。

娱乐 为行程增光添彩

玉树有丰富多彩的文化娱乐活动，想要深入感受玉树特色，不可错过这些，其中以玉树赛马和康巴歌舞最有名气。玉树歌舞种类多样，包括伊、卓、热巴、热伊、锅哇等，每一种都精彩绝妙，极具艺术及观赏价值。

康巴文化艺术节：于每年的7~8月举办，由青海玉树藏族自治州、四川甘孜藏族自治州、云南迪庆藏族自治州和西藏昌都地区三州一地轮流联合定期举行，届时玉树草原上歌舞升平，热闹非凡，若能赶上则是非常幸运。

玉树赛马节：于每年7月底会举办，成千上万只马匹奔腾于碧绿草原，与此时美丽的草原美景，草原上搭起的诸多各色帐篷相融，十分具有看点。

囊谦寺院

寺院之多为全国之最

微印象

@Demon 囊谦是一个有很多古老寺院的地方，而前往每一个寺院都不怎么容易；这里的一切都像未开发的处女地，保留着原始的美与信仰。到囊谦吧，去寻找粗犷豪放、赤裸的美。

@青色香草 囊谦，如同这个生涩的名字，无论寺院、风景、道路，都是崎岖、未加丝毫装饰的。它没有显赫的外表，只待有心人去探索去发现；走到囊谦你会发现爱上这里是如此容易。

门票和开放时间

门票：免费。

开放时间：全天开放。

最佳旅游时间

囊谦的最佳旅游时间是5—9月，因此时气候温和，草木茂盛，景色也为一年之中最好。

进入景区交通

位置：青海省最南端，与西藏昌都地区接壤。

交通：西宁客运中心有一班前往囊谦的大巴，车程需25个小时，票价308元，但注意这趟车并不是每天都有。

景点星级

美丽★★★★　浪漫★★★　休闲★★★　特色★★★　人文★★★　刺激★

囊谦县位于青海省最南端，与西藏昌都地区接壤，境内有100余座各类宗教寺院，寺院之多为全国之最，并以此闻名遐迩。囊谦所处之地是一片天然美丽富饶的草原，这里草木茂盛，古刹林立，很多寺庙都藏于深山之中，且有极其悠久的历史，周边景色美丽纯净。对游客来说，囊谦的寺院之旅可以称得上是一次心灵之旅。

囊谦最著名的寺院如达那寺、苏莽寺、嘎丁寺等，除寺院外，这里还有奇异自然景观。如然察大峡谷、白扎古盐场、乃加玛神山、达那河谷、肖龙沟峡谷等，风光奇绝，令人惊叹。同时，囊谦风土人情淳厚，有粗犷豪放的歌舞盛况。

点赞

小布丁　囊谦看了几家寺院，很多寺院周围的路途都很难走，要想完整地体验这里，恐怕要耗费很长时间。可以根据自己的喜好选择一两个寺院去看看，沿途会有令你难忘的风景相伴。

1 达那寺

达那寺位于囊谦县境内的达那山中，居于山腰间，有近千年的历史，远望如悬挂于半空之中，令看者胆战心惊。寺庙建筑规模宏大，主体建筑为叶巴经堂，经堂下方的殿堂内塑有噶丹派佛塔，殿堂形呈藏、汉、纳西三族合璧式样，据说推门而入，能根据发出的不同声响预知前途命运。寺内的一座二层楼厅式的帕摩竹巴灵塔殿内还供奉有帕摩竹巴灵塔。

解说

达那寺因历史悠久，宗教文化底蕴深厚，与印度的达那寺齐名。在信徒心中，人们认为朝拜了达那寺，就相当于亲临了印度佛教圣地，由此不少朝拜者慕名而来，很多人将朝拜达那寺视为人生快事。

达那寺的出名与藏族古代英雄格萨尔王有着重要的联系，当地人认为这里是格萨尔王曾经生活过的地方，寺内存放的诸多文物也都被认为是与格萨尔王相关。叶巴经堂右下四分之一处有格萨尔经堂，内部供奉有格萨尔王像；叶巴经堂的另一小殿中供放着传为格萨尔念诵的“帕本”经卷，寺院所在达那山西面的龙保山山上有传为格萨尔及其部将的墓葬塔，甚至有人称达那寺为“岭国寺”。

2 才久寺

才久寺位于囊谦县囊谦喀，藏语全称为“仲顿囊谢舟群科楞”，意为“周巴讲修显密法轮洲”。该寺为古时囊谦地方地位最高的世俗首领囊谦千户的家寺，约初建于明末清初，属周巴噶举派寺院。寺庙雄伟壮观，内部收藏有众多知名文物，曾在玉树地震中遭到严重破坏，后经修整，大致恢复原貌。

解说

囊谦的寺院很多，每一座却都有自己的特色。才久寺也很古老，僧舍很多，僧人热情善良，有需要的话可以选择在寺内住宿。

3 觉拉寺

觉拉寺位于距囊谦县香达镇80多千米的觉拉乡境内的觉拉吉江山旁，寺内文物众多，有著名的莲花生大师曾经修行之所“觉让吉坚”及身像、藏文字母和手印，及闻名天下的《甘珠儿》。寺内曾保存有松赞干布和文成公主二人的塑像，后被毁。与囊谦县的其他寺庙一样，觉拉寺地处险要，周边山峰、河流众多，景色壮观险丽。

点赞 豆芽儿　在快到达觉拉寺时，我们还在路边看到了释迦牟尼像，在这里，何处都是经幡，也何处都是信仰。觉拉寺的僧人很好，在寺内看到很多狗，据说都是由僧人收养的。

4 尕尔寺

尕尔寺，位于囊谦县白扎乡的巴麦村，为藏教噶举派最大的一座寺院，同样有近千年历史。寺庙坐落于一座海拔3700多米的高山上，分上寺和下寺，寺内建筑达数百间，不规则地分布于山南边的大山坡上，由下而上，直至山顶。

尕尔寺以景色奇异，自然景观独特而出名。其周围集中了高山草场、古老的晒盐池、原始森林和林间溪流，有青藏高原地区独特的峡谷森林景观。从尕尔寺的上寺向四下张望，只见形态各异的山峰纵卧，它们有的像球，有的像柱，有的像门，有的像墙，百态众生；山上则各式树木挺立，五彩经幡飘扬，山远之外湖泊、草原交错，整体如一美丽的“世外桃源”。

攻略

前往尕尔寺的路很不好走，路面崎岖，路的两边，一边是悬崖峭壁，遮天林木，一边则是狭窄的河流，要十分小心，但那风景却是大美。尕尔寺像被时光遗忘的老人，但它不老，在无与伦比的自然环境中它雕刻出了自己独特的面貌。

阿尼玛卿雪山

藏传佛教“四大神山”之一

微印象

@悠然 在阿尼玛卿，终于真正接触了雪山。山峰高大雄伟，白雪皑皑，山顶被云雾笼罩；围绕着山走，只在一个地方看到了雪山的真面目。无法想象那些转山的信徒是怀着怎样的虔诚，忍受痛苦，去抵达信仰的。

@奔牛 去雪山的路途比较遥远，要早些出发；想要拍到好些的照片需要耐心等待，尝试不同的角度。

门票和开放时间

门票：免费。

开放时间：全天开放。

最佳旅游时间

阿尼玛卿雪山的最佳游览时间为6月初至8月末，因此地属大陆性气候，天气变化无常，风雪冰雹交替，6月初至8月末天气相对温和，最适宜转山和游览。

进入景区交通

位置：青海省果洛藏族自治州玛沁县（大武镇）西北部。

交通：从玛沁县包车前往距离阿尼玛卿雪山最近的雪山乡需要5小时，费用800~1000元。也可从拉加乡包车前往雪山乡，车程4小时左右，费用600~800元。从雪山乡到观看平台需要1小时左右车程。

景点星级

美丽★★★★　浪漫★★★★　休闲★★★★　特色★★★　刺激★★★　人文★★

阿尼玛卿山又称玛积雪山或玛卿岗日，位于青海东南部果洛藏族自治州玛沁县西北部，为东昆仑山的东支，是我国对外开放的著名山峰之一，海拔6282米。在藏语中，阿尼玛卿意为“黄河流经的大雪山爷爷”，它和西藏的冈仁波齐、云南的梅里雪山、玉树的尕朵觉悟并称“四大神山”。该山在藏族传统文化中具有举足轻重的地位，被藏族人视为开天辟地的九大造化神之一。每年都有无数的信徒磕长头来阿尼玛卿朝拜，祭祀山神。

阿尼玛卿山，由13座山峰组成，山势雄伟壮观，山体由砂岩、石灰岩及花岗岩构成，平均海拔5900米以上，给人以浑厚磅礴之感。因山峰多积雪，阿尼玛卿山也成了人们心中理想的滑雪胜地，初级滑雪登山者可在这里接受训练。

点赞

爱笑的眼睛　接近阿尼玛卿山的方式除了爬山外，还有转山。在转山的过程中，随着角度的变化，你可以看到阿尼玛卿雪山不同的侧面，可谓是一步一景。清晨的雪山被金灿灿的阳光照耀，呈现白色与红色相见的颜色，美丽动人。

攻略

阿尼玛卿山更是黄河源头的祖先，也是黄河源头最大的山。在史诗的故乡——黄河流域，这座海拔6282米的雪峰被视为创世之神。徒步藏地四大神山之阿尼玛卿转山，带着灵魂、感受生命轮回之美。

阿尼玛卿雪山转山一周至少需要8天，最佳旅游登山时间是4月底至6月初或9月至10月。一般的行程路线基本是“西宁—大武—雪山三岔口—茶昂—枯毛昂学呼—扎德—恰木龙—哈龙沟—白塔—大武—西宁”。其中，雪山三岔口是徒步转山的起点，途中会经过最高海拔5千米以上的山口，需有高原徒步经验。

雪山沿线并没有食宿点，需自己准备好食物和野营装备，携带的帐篷应具备良好的防水抗风功能。阿尼玛卿雪山区域无论地理还是气候条件都比较恶劣，且一天中气候多变，如要前去需做好充足的准备，应对高原反应、严寒以及多变的气候原件、突发状况，且应了解一些户外运动专业知识，有心脏病、哮喘病、高血压的旅行者不适合参加此类转山活动。

阿尼玛卿山示意图

解说

阿尼玛卿雪山的神灵转自阿尼玛卿大藏文书中意为活佛座前的最高侍者，“阿尼”是安多藏语的译音，意为先祖老翁，也含有美丽、幸福或博大无畏等意；“玛卿”的意思是黄河源头最大的山，也有雄伟壮观之意。

玛卿岗日，为阿尼玛卿山的主峰，海拔为6282米，雪线以上终年冰封，为我国也是世界上较为典型的现代冰川。山峰呈锯齿重叠形状，山上冰峰雄峙，冰川面积广阔，其中冰川包括57条，东北坡的哈龙冰川长7.7千米，为黄河流域最长最大的冰川。山峰周围还矗立有17座海拔5000米以上的雪峰。

玛卿岗日独特的自然环境也为多种野生动植物的生长、栖息提供了绝佳的条件，在不同的海拔地区生长有不同的野生植物，如海拔3800米以上生长的是高大翠绿的云杉、圆柏等寒温性针叶林；3800—4000米是由金鹿梅、山柳、杜鹃组成的高山灌丛，雪线附近则是高山牧场。白唇鹿、雪豹、雪鸡等野生动物都栖息于林中。

解说

阿尼玛卿山因其独特的地势与位置，曾一度被认为是世界第一高峰。最早探寻阿尼玛卿外国人为植物学家约瑟夫·洛克，曾认为高度超过珠穆朗玛峰，估计达到8500米。1949年美国登山探险者雷纳德·克拉克在阿尼玛卿登山探险时，测出其主峰海拔9041米。1960年6月，北京地质学院登山队一行11人从北坡首次登上阿尼玛卿主峰II号峰尖。20世纪70年代，经测定，阿尼玛卿山主峰的准确高度是海拔6282米。

故事 玛卿岗日的传说

除浑然天成的自然风光外，玛卿岗日还有一个迷人的传说，这为其增添了诸多神秘的色彩。人们认为玛卿岗日是“博卡瓦间贡”的21座神圣雪山之一，为开天辟地的九位造化神中排行第四的斯巴侨贝拉格，它可以主宰山河，且拥有神通广大的能力。玛卿岗日的神威自然就是来源于此，藏族同胞对神有着毋庸置疑的信仰，他们相信玛卿岗日就是神的化身，可以保佑他们获得灵魂的信仰。

因此每逢藏历的“羊年”或者神门、雪门之年，当地信徒们会来此转山，以此来获得神的青睐，他们视转山途中遇见的一切为神赐的礼物。

攻略

住宿 驴友力荐的住宿地

距离阿尼玛卿雪山最近的县城是玛沁县，可选择在那里住宿。县城内有一些条件相对不错的酒店，及一些普通的宾馆、招待所。

阿尼玛卿酒店：位于玛沁县大武镇玛多路，酒店建筑为藏式楼房风格，内部装修高档豪华，配有咖啡茶座和休息区，相当于四星级酒店标准。房间内干净整洁，给人以温馨舒适之感。电话：0975-8356888。

玛沁锦峰国际饭店：位于大武镇八一西路税务局隔壁，算当地很好的酒店，有氧气房，供暖条件也不错，提供早餐。 电话0975-8355999 。

美食 饕餮一族新发现

在阿尼玛卿雪山附近可以享受美食的最好地方就是玛沁县，藏式风情食物是这里的主要美食。县城内餐馆众多，一些极具特色的餐厅可前去体验。

觉如仓觉如仓·藏式风味餐吧：位于玛沁县班玛路，是一家极具特色的藏式餐馆，供应非常正宗的藏餐。纯正牦牛肉、牦牛酸奶、藏系绵羊肉、蕨麻都可在这里品尝到，味道独特好吃，服务周到。

藏式餐吧：位于玛沁县大武镇班玛路中段，餐厅装修华丽高档，有风格独特的包间，供应手抓羊排、牦牛排等藏式美食，分量很大，味道也很好。

尕朵觉悟神山

玉树的“神山”

微印象

@依剑 尕朵觉悟是玉树的神山，走过这座山之后，你会更深刻地理解玉树人对神的崇拜与信仰，玉树是个有着很多古迹、流传美丽传说的地方，尕朵觉悟神山则可以带你进一步感受这些。

@舒舒 青海的每一座山都不好走，它们威严矗立，有着严酷的面孔，而待真正怀有信仰，有心之人前去。尕朵觉悟神山的转山会很辛苦，但一路的收获，由此获得的心灵洗礼却会令人难忘。

门票和开放时间

门票：免费。

开放时间：全天开放。

最佳旅游时间

尕朵觉悟神山的最佳旅游时间是6—8月，因山区常年气候寒冷，此时为一年中气温最合适的时候。

进入景区交通

位置：玉树藏族自治州称多县尕多乡境内。

交通：

1.包车：在结古镇三岔路口有班车和私营小面包可以搭乘，班车发车时间是中午12点，车程2小时，车费20元。

2.自驾车：玉树结古镇到尕朵觉悟神山脚下的赛康寺的路程有近200千米，可从结古镇往东沿214国道走到清水河乡，然后再从岔路口往北，向曲麻莱县方向行进50千米左右，就可以看到尕朵觉悟神山高耸的山尖，但沿公路走只能到赛康寺，之后只能从赛康寺骑马到神山。

景点星级

美丽★★★★　浪漫★★★★　特色★★★　刺激★★★　休闲★★　人文★★

尕朵觉悟神山，藏语又称“觉悟夏尕”，意为“白圣客”，位于青海玉树藏族自治州称多县杂朵镇，与西藏的冈仁波齐、云南的梅里雪山、青海果洛的阿尼玛卿雪山并称为藏传佛教四大神山。山峰由主峰及周围环绕的几十座山峰组成，主峰海拔5395米，其山形尖峭挺拔，山势巍峨，具有粗犷的险峻之美。在玉树人心中，它是可以保佑当地人的千古神山。

山顶终年积雪，山形尖峭独特，群峰林立，在其周围散布着诸多历史遗迹，如塞康寺、唐蕃古道、格萨尔王登基台等及一些古老的藏族村落，并有格萨尔王的传说流传于此，尕朵觉悟山因此成为玉树，乃至青海地区有名的山峰，并吸引诸多旅行、探险者前往。

点赞

远方之梦　在四大神山中，尕朵觉悟神山的名气并不是最响亮的。但因它在美丽的玉树，周边遍布古迹，前来的游客也不少。在这里，无论是摄影、徒步、寻访古迹、探索自然美景，都很合适。

攻略

尕朵觉悟神山转山分大转、中转、顶转三种，其中，大转需8～10天，且只有在最后的两天才能看到主峰；中转需2～4天，全程徒步约55千米，但因路况相对好些，有一段较长的路段可以通车，完全需要徒步的路段只有约25千米，最适合普通游览者选择；顶转只需要1天，但路程很危险，曾多次出现事故。

多数初到玉树的游览者大都选择2天的中转，第一天转山，夜晚在山中宿营，第二天前往转山最后目的地塞康寺。转山的交通工具可选择马匹，在附近村落里就可找到。若有当地人指导，一起转山，则是相当好的事情。

转山过程中应时刻留意脚下，山路很有挑战性，往往一边是悬崖，一边是溪流，一旦出现失误会很危险。山区的气候变化很快，需做好相关的物资准备。

故事　尕朵觉悟神山的传说

在传说中，尕朵觉悟神山是一位智勇双全的将军，分布于其周围的28座山峰分别是他的7位战将、7位神医，7位铸剑师、7位裁缝师。还有他的奶奶、子女等山峰也围绕其间。

1 格萨尔王登基台

格萨尔王登基台位于距曲麻莱县麻多乡20多千米处，为《格萨尔王传》中格萨尔王赛巴夺魁而称王登基的遗址。登基台是一块体积巨大的奇妙石头，形似莲花宝座，如同从地下生长出来。当地人认为这是格萨尔王登基的地方，并将其作为圣迹瞻仰。登基台的外围建有八座佛塔和周长约800平方米的玛尼石圈。

2 赛康寺

赛康寺位于尕朵觉悟神山之下，为尕朵乡最大的一座寺院，有上千年历史。寺院依山而建，外观为白色墙壁、藏红屋檐，及金色的金顶，从远处看十分醒目。当地人多会来此朝拜，他们在寺院内的大院子里跪拜，听喇嘛咏诵经文；之后等待喇嘛在颂完经后，出来在他们的头上洒圣水，据说这可以带来福报，消除一切孽障。仪式非常虔诚，令人敬畏。游客也可像藏人一样来此朝拜，感受信仰的力量，结束尕朵觉悟神山转山之旅。

小贴士

塞康寺也是一座教规森严出名的寺院，在寺院内，女人不可以留宿，以寺院前的小河为界，对面才允许女人居住；并且在每天17:00之后，寺院周围还禁止女人靠近。

攻略

住宿 驴友力荐的住宿地

前往尕朵觉悟神山游览，可选择住宿在附近的尕朵乡、结古镇，或赛康寺周边。

尕觉悟旅行社：位于尕朵乡，提供有住宿，标准间约50元/人，环境干净，服务好，旅行社老板可为旅行者提供一些旅行帮助服务，如寻找向导，价格约100元/（人·天）；提供马匹，价格约100元/（马·天）。

美食 饕餮一族新发现

在尕朵觉悟神山附近感受美食，可到尕朵乡，其主街上有不少餐馆，除藏餐外，还有汉餐、川菜等。